LEKTÜRESCHLÜSSEL
FÜR SCHÜLERINNEN UND SCHÜLER

Franz Kafka

Der Proceß

Von Wilhelm Große

Philipp Reclam jun. Stuttgart

Dieser Lektüreschlüssel bezieht sich auf folgende Textausgabe: Franz Kafka: *Der Proceß.* Stuttgart: Reclam, 1995 [u. ö.]. (Universal-Bibliothek. 9676.)

RECLAMS UNIVERSAL-BIBLIOTHEK Nr. 15371

Durchgesehene Ausgabe 2011
Gesamtherstellung: Reclam, Ditzingen
Printed in Germany 2011

ISBN 978-3-15-015371-0

www.reclam.de

Inhalt

1. Erstinformation zum Werk

Auch nach fast einem Jahrhundert geht noch immer eine ungebrochene Faszination von dem Werk, vielleicht auch von dem Menschen Kafka aus. Diesen Platz konnte sich sein Werk, das er selbst zum größten Teil am liebsten vernichtet gesehen hätte, erobern, weil er wohl zu jenen Autoren des zwanzigsten Jahrhunderts gehört, die eine noch immer vorhandene Bewusstseinslage ins literarische Bild setzten. Das Werk Kafkas wurde zur Signatur der Epoche und vielleicht des Jahrhunderts.

kafkaesk

Das (Mode-)Wort ›kafkaesk‹, das der Duden mit ›auf rätselvolle Weise unheimlich, bedrohlich‹ erklärt, galt als Verständigungsformel für eine Welt, »deren Zeichen Unbehaustheit, existentialistische Verlorenheit, Bürokratie und Folter, Entmenschlichung und Absurdität zu sein schienen« (Neumann, S. 185).

Welche Wirkung von Literatur ausgehen kann, fasst Kafka einmal in einem Brief an seinen Freund Oskar Pollak in die Worte:

»Ich glaube, man sollte überhaupt nur solche Bücher lesen, die einen beißen und stechen. Wenn das Buch, das wir lesen, uns nicht mit einem Faustschlag auf den Schädel weckt, wozu lesen wir dann das Buch? Damit es uns glücklich macht, wie du schreibst? Mein Gott, glücklich wären wir eben auch, wenn wir keine Bücher hätten, und solche Bücher, die uns glücklich machen, könnten wir uns zur Not selber schreiben. Wir brauchen aber die Bücher, die auf uns wirken wie ein Unglück, das uns sehr schmerzt, wie der Tod eines, den wir lieber hatten als uns, wie wenn wir in Wälder verstoßen würden, von allen Menschen weg, wie ein Selbstmord, ein Buch muß die Axt sein für das gefrorene Meer in uns« (*Briefe, 1902–1924*, hrsg. von Max Brod, Frankfurt a. M. ^{2}1975, S. 27 f.).

Vor allem von Kafkas Romanen *Der Proceß* oder *Das Schloß*, aber auch von vielen seiner Erzählungen kann gesagt werden, dass sie in reinster Weise den Begriff ›kafkaesk‹ ins poetische Bild umsetzen, denn »der Leser ist verunsichert und reagiert vor diesen Texten mit dem Impuls, ihnen möglichst auszuweichen, aber zugleich auch mit dem Bewußtsein, dass man sich ihrer Provokation nicht entziehen sollte« (Rösch, S. 74).

Kafkas Romane und Erzählungen dürften zu jenen Büchern gehören, die auch heute noch »wie ein Unglück wirken, das uns schmerzt«. Von der Lektüre dieser Texte kann noch immer der erweckende ›Faustschlag auf den Schädel‹ des Lesers ausgehen.

Mit diesen Worten lässt sich durchaus auch heute noch die Wirkung einer Lektüre des Romans *Der Proceß* umschreiben. Er vermag uneingeschränkt und ungeachtet seiner Entstehung vor fast einem Jahrhundert und trotz – oder gerade wegen – seines fragmentarischen Charakters zutiefst zu verstören, kommt er doch provokativ und schockartig mit dem berühmt gewordenen Einleitungssatz daher: »Jemand mußte Josef K. verleumdet haben, denn ohne daß er etwas Böses getan hätte, wurde er eines Morgens verhaftet« (7).

Man sollte sich davor hüten, die Verstörung, die von dem Roman ausgeht, dadurch zu verflachen, dass man in der Romananalyse einen *eindeutigen* Sinn dieses Textes herauszupräparieren versucht. So ebnet man nur die provokativen Verunsicherungen, die von dem Text ausgehen, ein. Durch vorschnelle Sinnfixierungen wird die für den Roman typische Auflösung eines festen Sinns rückgängig gemacht und entproblematisiert. Genauso wenig wird man dem Roman allerdings gerecht, wenn man auf jede Deutung verzichtet oder ihn durch einen Deutungspluralismus völlig verharmlost und jeder interpretatorischen Willkür ausgeliefert sein lässt. Vielleicht können zwei Zitate aus dem *Proceß* helfen, der Interpretation einen Weg zu weisen. Dort heißt es:

»Richtiges Auffassen einer Sache und Mißverstehn der gleichen Sache schließen einander nicht vollständig aus« (200).

Und:

»Die Schrift ist unveränderlich und die Meinungen sind oft nur ein Ausdruck der Verzweiflung darüber« (201).

2. Inhalt

Verhaftung

Am Morgen seines dreißigsten Geburtstages bringt die Köchin der Frau Grubach, bei der Josef K. zur Untermiete wohnt, nicht – wie an allen anderen Tagen – das Frühstück in K.s Zimmer. K., noch im Bett liegend, sieht von dort aus durch das Fenster eine alte Frau in der Wohnung gegenüber, die ihn neugierig beobachtet. Da die Köchin Anna nicht erscheint, läutet K. nach ihr, aber statt der Köchin erscheint ein von K. noch nie gesehener Mann in seinem Zimmer. K. richtet an ihn die Frage, wer er sei, der Mann beantwortet diese aber nicht, sondern fragt K. lediglich, ob er geläutet habe. K. bejaht und fordert, dass die Köchin ihm endlich das Frühstück bringen solle, woraufhin sich der Fremde an einen anderen Mann wendet, der sich im Vorderzimmer aufhält. K. will sein Zimmer verlassen, um nachzusehen, was für Leute sich in dem Nebenraum aufhalten und wie Frau Grubach die morgendliche Störung ihm gegenüber verantworten will. Er begibt sich in das Wohnzimmer der Frau Grubach und sieht dort einen Mann, der beim offenen Fenster mit einem Buch sitzt. Dieser fordert ihn auf, zurück in sein Zimmer zu gehen, und verwehrt ihm zunächst, mit Frau Grubach Kontakt aufzunehmen: »Sie dürfen nicht weggehn, Sie sind ja gefangen.« Mit diesen Worten begründet der Mann sein Verbot, kann aber auf K.'s Nachfrage, warum er gefangen sei, nur antworten: »Wir sind nicht dazu bestellt, Ihnen das zu sagen. Gehn Sie in Ihr Zimmer und warten Sie. Das Verfahren ist nun einmal eingeleitet und Sie werden alles zur richtigen Zeit erfahren« (8). Seinen anwesenden Kollegen bezeichnet der Mann, der, wie sich später herausstellt, Willem heißt, als »gegen alle Vorschrift freundlich« (9), und er meint, es sei geradezu ein Glücksfall für K., ihn und seinen Kollegen Franz als Wächter zugeordnet bekommen zu haben. Dann bittet er ihn, doch das Nachthemd, das K. immer noch trägt, gegen ein schlechteres Hemd einzutauschen. Dieses Hemd wie alle übrige Wäsche müssten sie aufbewahren und K. könne die konfiszierten Stücke, »wenn seine Sache günstig ausfallen sollte« (9), aus dem Depot auslösen. Sie weisen K. jedoch schon darauf hin, dass die Prozesse in »letzter Zeit« (ebd.) besonders lange dauerten. Es könne auch sein, dass die Sachen aus dem Depot heraus nach einer bestimmten Zeit verkauft würden. Dann erhalte man aber den Erlös, der jedoch gering ausfallen würde, da sich die ausgezahlte Summe nicht nach der Höhe des Angebots, sondern nach der Bestechungssumme richte. Auf diese Reden achtet K. nicht weiter, weil ihm mehr daran gelegen ist, Klarheit über seine Lage zu bekommen. Da er gewohnt ist, »alles möglichst leicht zu nehmen [und] das Schlimmste erst beim Eintritt des Schlimmsten zu glauben« (10), redet er sich zunächst ein, dass die Kollegen aus der Bank, bei der er angestellt ist, mit ihm anlässlich seines Geburtstages vielleicht einen großen Spaß trieben. »War es eine Komödie, so wollte er mitspielen« (10). Noch fühlt er sich frei und geht zwischen den Wächtern wieder in sein Zimmer, um dort seine Legitimationspapiere zu holen. Nach einigem Suchen findet er seinen Geburtsschein. Gerade in dem Augenblick, in dem er wieder in das Nebenzimmer zurückkommt, will dort Frau Grubach eintreten, die aber, nachdem sie K. erkannt hat, sofort wieder verschwindet. Die beiden Wächter sitzen bei dem Tischchen am offenen Fenster und verzehren K.'s

Frühstück. Auf K.'s Frage hin, warum Frau Grubach nicht den Raum betreten habe, erhält er als Erklärung, er sei doch verhaftet. K.'s Nachfrage, wie er denn verhaftet sein könne und dies auf eine solche Weise, bleibt von den Wächtern unbeantwortet. Auch für die ihnen dargereichten Legitimationspapiere interessieren sich die beiden nicht und können ihrerseits K. den von ihm verlangten »Verhaftbefehl« nicht vorweisen. Die Wächter mahnen ihn aber, sie, die ihm wohl am nächsten stehenden Menschen, nicht »nutzlos zu reizen« (11), außerdem kennten sie sich als niedrige Angestellte mit solchen Papieren überhaupt nicht aus. Sie würden nur dafür bezahlt, Wache zu halten, und könnten über Legitimation und Verhaftbefehl nicht diskutieren. Sie wüssten aber von den höheren Behörden, dass diese, »ehe sie eine solche Verhaftung verfügen, sich sehr genau über die Gründe der Verhaftung und die Person des Verhafteten unterrichten« (11 f.): »Unsere Behörde, soweit ich sie kenne, und ich kenne nur die niedrigsten Grade, sucht doch nicht etwa die Schuld in der Bevölkerung, sondern wird wie es im Gesetz heißt von der Schuld angezogen und muß uns Wächter ausschicken. Das ist Gesetz« (12). K. behauptet, das Gesetz nicht zu kennen. Es bestehe wohl nur in den Köpfen der Wächter. Franz mokiert sich über K.'s Haltung: »Er gibt zu, er kenne das Gesetz nicht und behauptet gleichzeitig schuldlos zu sein« (ebd.).

K. ist dieses Geschwätz »der niedrigsten Organe« überdrüssig und verlangt, dem Vorgesetzten vorgeführt zu werden. Die Wächter verweigern ihm dies, fordern ihn vielmehr auf, sich in sein Zimmer zu begeben, dort abzuwarten, was über ihn verfügt werde. All dies geschieht unter den Augen der neugierigen Frau aus dem gegenüberliegenden Haus, die nun auch noch einen viel älteren Greis, den sie fest umschlungen hält, ans Fenster gezerrt hat. Auf das Angebot der Wächter, K. ein Frühstück aus dem Kaffeehaus zu holen, geht dieser gar nicht ein. Er überlegt, ob er nicht einfach die Wohnung verlassen solle, zieht dann aber die »Sicherheit der Lösung« vor, wie sie »der natürliche Verlauf« bringen muss (13), und geht wieder zurück in sein Zimmer, wirft sich dort auf sein Bett, greift einen Apfel vom Nachttisch und verspeist ihn als sein Frühstück. Er überlegt, ob er in der Bank den wahren Grund seiner Verspätung aufdecken solle, Frau Grubach könne ihm als Zeugin dienen, wenn man ihm keinen Glauben schenken wolle. Er überlegt außerdem, warum die beiden Wächter ihn unbewacht ließen, ob sie nicht fürchteten, dass er Selbstmord begehe, aber sie sähen wohl auch die Sinnlosigkeit des Suizids. K. trinkt zwei Gläschen Schnaps als Ersatz für das Frühstück und um sich Mut anzutrinken. Er erschrickt, weil man ihm aus dem Nebenzimmer zuruft, der Aufseher bestelle ihn zu sich. Als er ins Nebenzimmer eilt, verweisen ihn die Wächter aber in sein Zimmer zurück und mahnen ihn, dem Aufseher nicht im Hemd gegenüberzutreten, sondern sich angemessen zu kleiden. K. wählt einen schwarzen Rock, in der Hoffnung, dadurch die Sache zu beschleunigen (15).

Der Aufseher empfängt K. in einem Zimmer, das Fräulein Bürstner, eine Schreibmaschinistin, bewohnt. Neben dem Aufseher, der an einem Nachttischchen sitzt, das als Verhandlungstisch mitten ins Zimmer gerückt worden ist, befinden sich noch weitere drei Personen in dem Raum, die sich Photographien Fräulein Bürstners anschauen. Bei den dreien handelt es sich um Angestellte derselben Bank, in der auch K. tätig ist. Er erkennt sie aber zunächst nicht als seine Kollegen Kullich, Kaminer und Rabensteiner. Der Aufseher fragt K., ob er nicht durch die Vorgänge am Morgen »sehr überrascht« (ebd.) sei. K. entgegnet ihm, dass er zwar überrascht, aber nicht sehr überrascht sei. Er glaubt sich mit dreißig Jahren gegen solche Überraschungen abgehärtet, wolle es aber auch nicht als Spaß auffassen. Sich an alle Personen im Zimmer wendend, fügt er dem noch hinzu: »Andererseits aber kann die Sache auch nicht viel Wichtigkeit haben. Ich folgere das daraus, daß ich angeklagt bin, aber nicht die geringste Schuld auffinden kann wegen deren man mich anklagen könnte. Aber auch das ist nebensächlich, die Hauptfrage ist: von wem bin ich angeklagt? Welche Behörde führt das Verfahren? Sind Sie Beamte? [...] In diesen Fragen verlange ich Klarheit« (16). Die erwünschte Klarheit erhält er allerdings nicht, denn der Aufseher antwortet ihm lediglich: »Sie befinden sich in einem großen Irrtum [...]. Diese Herren hier und ich sind für Ihre Angelegenheit vollständig nebensächlich. [...] Ich kann Ihnen auch durchaus nicht sagen, daß Sie angeklagt sind oder vielmehr ich weiß nicht, ob Sie es sind. Sie sind verhaftet, das ist richtig, mehr weiß ich nicht. [...] Und machen Sie keinen solchen Lärm mit dem Gefühl Ihrer Unschuld, es stört den nicht gerade schlechten Eindruck, den Sie im übrigen machen« (17).

Aufgeregt durch das Auftreten des Aufsehers und durch dessen schulmäßige Belehrung, will K. mit dem ihm befreundeten Staatsanwalt Hasterer telefonieren. Der Aufseher würde es ihm gewähren, wenn es sich um eine private Angelegenheit handele, ansonsten frage er sich, welchen Sinn ein solches Telefonat haben könne. K. will daraufhin nicht mehr telefonieren und wendet sich mit einem schroffen ›Weg von dort‹ an die Zuschauer der Szene, die sich noch immer an dem gegenüberliegenden Fenster befinden. Weil die zwei Wächter sich inzwischen tatenlos auf einen Koffer gesetzt haben und auch die drei jungen Leute, die Hände in die Hüften gelegt, nur noch ziellos herumschauen, meint K., seine »Angelegenheit [dürfte] beendet sein« (18), und er bietet ihnen einen Händedruck zum Abschied an. Der Aufseher erhebt sich, verweigert aber den Einschlag in K.s zum Abschied ausgestreckte Hand und entfernt sich mit den Worten: »Wir sollten der Sache einen versöhnlichen Abschluß geben, meinten Sie? Nein, nein, das geht wirklich nicht. Womit ich andererseits durchaus nicht sagen will, daß Sie verzweifeln sollen. Nein, warum denn? Sie sind nur verhaftet, nichts weiter. Das hatte ich Ihnen mitzuteilen, habe es getan und habe auch gesehn, wie Sie es aufgenommen haben« (19).

Trotz seiner Verhaftung kann K. – wie ihm der Aufseher mitteilt – seinem Beruf in der Bank nachgehen: »Sie sind verhaftet, gewiß, aber das soll Sie nicht hindern Ihren Beruf zu erfüllen. Sie sollen auch in Ihrer gewöhnlichen Lebensweise nicht gehindert sein« (ebd.). Um ihm den Gang in die Bank zu erleichtern, hat er die drei jungen Leute, in denen K. jetzt erst Kollegen aus seiner Bank erkennt, zu seiner »Verfügung gehalten« (20). Mit ihnen will K. nun an die Arbeit gehen, nachdem er noch dem Aufseher entgegengehalten hat, dass sein »Verhaftetsein« wohl »nicht sehr schlimm« sei und die entsprechende Mitteilung nicht »notwendig« (19) und allenfalls eine »dumme Pflicht« (20) gewesen sei, der der Aufseher hätte nachkommen müssen, woraufhin der Aufseher nur mit einem lakonischen »Mag sein« (ebd.) reagiert, ohne sich in eine weitere Diskussion einzulassen.

K. nimmt zur Bank ein Auto, um seine Verspätung nicht unnötig noch weiter zu vergrößern. In dem Augenblick, wo er im Auto sitzt, macht ihn Kulisch darauf aufmerksam, dass an dem gegenüberliegenden Haustor eben jener Mann erscheint, der hinter den älteren Leuten am Fenster gestanden und so die ganze Szene beobachtet habe. Im Auto dreht sich

K. nochmals unwillkürlich nach dem Aufseher und den beiden Wächtern um, deren Weggehen er gar nicht bemerkt hatte. Er wendet sich dann wieder ab, lehnt sich bequem in die Wagenecke, muss aber des erwarteten Zuspruchs durch die drei ihn begleitenden Bankangestellten entbehren.

Gespräch mit Frau Grubach. Dann Fräulein Bürstner

An diesem Abend geht K. sofort nach seiner Arbeit in der Bank nach Hause. Gewöhnlich hält er sich – wie auch an diesem Abend – bis neun Uhr im Bureau auf, macht dann aber noch einen kleinen Spaziergang, besucht mit Bekannten eine Bierstube, ist bei dem Bankdirektor zum Abendessen eingeladen oder geht einmal in der Woche zu einem Mädchen namens Elsa. An diesem Abend aber sucht er den Weg »sofort nachhause« (22), weil er meint, er müsse die Unordnung, die durch die morgendlichen Ereignisse verursacht sein könnte, beseitigen. Vor dem Haus trifft er zunächst auf den Sohn des Hausmeisters, der ihn fragt, ob er etwas wünsche. K. verneint, will geradewegs in sein Zimmer gehen, klopft dann aber doch an die Tür der Zimmervermieterin, Frau Grubach. Bei ihr will er sich zunächst für die außergewöhnliche Arbeit, die er ihr morgens gemacht habe, entschuldigen. Frau Grubach entgegnet lediglich mit einem »Wieso denn?« (23) und gesteht K. ein, dass sie am Morgen hinter der Tür gelauscht habe, von seiner Verhaftung wisse, diese aber nicht weiter schlimm finde: »Sie sind zwar verhaftet, aber nicht so wie ein Dieb verhaftet wird. […] Es kommt mir wie etwas Gelehrtes vor, entschuldigen Sie wenn ich etwas Dummes sage, es kommt mir wie etwas Gelehrtes vor, das ich zwar nicht verstehe, das man aber auch nicht verstehen muß« (24). K. meint, hätte er sich morgens anders verhalten und gleich Frau Grubach aufgesucht, wäre »alles, was werden wollte, erstickt worden« (25): Man sei »aber so wenig vorbereitet«, er hätte jetzt nur das Urteil einer »vernünftigen Frau« hören wollen (ebd.). Die große Übereinstimmung in der Bewertung der morgendlichen Ereignisse will K. durch einen Handschlag mit Frau Grubach bekräftigen, diese steht aber von ihrem Tisch, an dem sie gesessen hat, auf und sagt mit tränenreicher Stimme: »Nehmen Sie es doch nicht so schwer, Herr K.« (ebd.), wobei K. einsehen muss, dass Frau Grubach ihn gar nicht verstanden hat.

Er erkundigt sich noch, ob Fräulein Bürstner bereits zuhause sei, muss dann aber erfahren, dass sie noch nicht vom Theaterbesuch heimgekehrt ist. Frau Grubach hat bereits das Zimmer von Fräulein Bürstner in Ordnung gebracht, nachdem am Morgen in diesem Zimmer das Gespräch mit dem Aufseher stattgefunden hatte.

K. beschließt nach dem Gespräch mit Frau Grubach auf das Fräulein zu warten. Er legt sich zunächst ins Fenster, dann auf sein Kanapee. Erst nach halb zwölf hört er jemanden im Hausflur. Es ist Fräulein Bürstner, die K. noch kurz auf ihr Zimmer zum Gespräch einlädt, nachdem K. sie auf dem Flur angesprochen hat. K. entschuldigt sich nochmals für die morgens in ihrem Zimmer angerichtete Unordnung, auch dafür, dass die jungen Leute in ihren Fotos herumgewühlt haben. Dann erst erzählt er ihr von der Untersuchungskommission, die seinetwegen morgens in der Wohnung gewesen sei, und fügt hinzu, dass die Kommission inzwischen vielleicht seine Unschuld eingesehen hätte. Frau Bürstner eröffnet K., dass sie demnächst mehr Einblick in Gerichtssachen bekommen werde, da sie im nächsten Monat »als Kanzleikraft in ein Advokatenbureau« (30) eintreten werde. K. will jedoch nicht auf die Hilfe eines Advokaten zurückgreifen, sondern meint, ein Ratgeber würde schon reichen.

Dann stellt K. im Gespräch noch die morgendliche Szene nach und wird dabei recht laut, sodass er und Fräulein Bürstner befürchten, sie weckten die anderen Bewohner auf. Plötzlich klopft es an die Tür des Nebenzimmers, in dem ein Hauptmann, der Neffe der Frau Grubach, sich seit dem vorangegangenen Tag aufhält, wie K. jetzt erst durch Fräulein Bürstner erfährt. Das Fräulein schämt sich, K. bietet ihr an, am folgenden Tag Frau Grubach ihr Zusammensein zu erklären, und fügt noch hinzu, dass Frau Grubach von ihm abhängig sei, da er ihr eine größere Summe geliehen habe. K. wird gegenüber Fräulein Bürstner immer zudringlicher, zum Abschied küsst er sie »auf den Mund und dann über das ganze Gesicht, wie ein durstiges Tier mit der Zunge über das endlich gefundene Quellwasser hinjagt« (34).

Erste Untersuchung

K. ist telefonisch davon verständigt worden, dass er sich am kommenden Sonntag einer ersten kleinen Untersuchung in seiner Angelegenheit unterziehen müsse. Auch in den nächsten Wochen sollten Untersuchungen in mehr oder weniger regelmäßiger Folge stattfinden. Als Ort wird K. ein Haus in einer entlegenen Vorstadtstraße genannt. K. ist, nachdem er den Telefonhörer eingehängt hat, gleich entschlossen, am kommenden Sonntag zu der Untersuchung zu gehen, denn: »der Proceß kam in Gang und er mußte sich dem entgegenstellen, diese erste Untersuchung sollte auch die letzte sein« (35). Noch während dieser Überlegungen, die K. anstellt, trifft er auf den Direktorstellvertreter seiner Bank, der ihn ebenfalls für den kommenden Sonntag zu einer Partie auf seinem Segelboot einlädt, was K. jedoch gleich ausschlägt, da er für den Sonntag bereits eine andere Verpflichtung habe.

Da ihm bei dem Telefonat keine genaue Uhrzeit genannt worden ist, zu der er sich auf dem Gericht einzufinden habe, begibt sich K. am Sonntag zeitig auf den Weg, um auf jeden Fall spätestens um neun Uhr dort zu erscheinen, da zu dieser Stunde alle Gerichte werktags zu arbeiten anfangen. Auf dem Weg zu dem ihm benannten Haus trifft K. zufälligerweise auf die drei Bankangestellten, die »an seiner Angelegenheit« (37) beteiligt sind, ohne mit ihnen jedoch zu sprechen. Er begibt sich in das ärmlich erscheinende Vorstadtviertel und betritt durch das ihm benannte Haus einen Innenhof, in dem mehrere Firmen ihre Lager zu haben scheinen. Und da er nicht genau weiß, in welchem Gebäudekomplex sich jenes Zimmer befindet, das er aufsuchen soll, beschließt er, auf allen Etagen an allen Türen nachzufragen, wo ein Tischler Lanz wohne, um so Einblick in die Wohnungen zu gewinnen und das Gericht aufzufinden. Auf dem Weg über mehrere Stockwerke hinweg wird er von vielen Kindern begleitet, bis er schließlich an eine junge Frau gerät, die auf seine Frage, ob hier ein Tischler Lanz wohne, nur antwortet: »Bitte« und mit ihrer nassen Hand auf die offene Tür eines Nebenzimmers verweist.

»K. glaubte in eine Versammlung einzutreten. Ein Gedränge der verschiedensten Leute – niemand kümmerte sich um den Eintretenden – füllte ein mittelgroßes zweifenstriges Zimmer, das knapp an der Decke von einer Galerie umgeben war, die gleichfalls vollständig besetzt war und wo die Leute nur gebückt stehen konnten« (40). K. wird von einem rotbäckigen Jungen durch die Menschenmenge geführt, die ihn an eine Parteiversammlung erinnert hätte, wären die Leute nicht mit hinunterhängenden Feiertagsröcken bekleidet gewesen. Am anderen Ende des Saales sitzt der Untersuchungsrichter auf einem Podium. Als er durch den Jungen auf K. aufmerksam gemacht wird, erteilt er ihm einen Verweis, dass er sich um eine Stunde und fünf Minuten verspätet habe. Eigentlich sei er nicht mehr verpflichtet, K. anzuhören, aber er wolle eine Ausnahme machen. Auf seine erste Frage, ob K. Zimmermaler sei, antwortet dieser »nein«, er sei erster Prokurist einer großen Bank. Dafür erntet er bei der rechten Partei – das sind die Leute, die sich auf der rechten Seite des Raumes zu einer Gruppe zusammengeschlossen haben – großes zustimmendes Gelächter. Diese Frage nimmt K. dann zum Anlass für eine große, an die Versammlung und den Untersuchungsrichter gerichtete Rede: »Ihre Frage Herr Untersuchungsrichter ob ich Zimmermaler bin [...] ist bezeichnend für die ganze Art des Verfahrens, das gegen mich geführt wird. Sie können einwenden, daß es ja überhaupt kein Verfahren ist, Sie haben sehr Recht, denn es ist ja nur ein Verfahren, wenn ich es als solches anerkenne. Aber ich erkenne es also für den Augenblick jetzt an, aus Mitleid gewissermaßen. [...] Ich sage nicht, daß es ein lüderliches Verfahren ist, aber ich möchte Ihnen diese Bezeichnung zur Selbsterkenntnis angeboten haben« (43 f.). Das Publikum spendet keinen Beifall, sondern bleibt gegen die Erwartung von K. still. Dann nimmt dieser despektierlich, mit spitzen Fingern, ein vor dem Untersuchungsrichter liegendes, aufgeschlagenes (wohl pornographisch illustriertes) Heft, in das der Richter zuweilen hineinschaut, hoch, lässt es dann wieder auf den Tisch hinunterfallen und beteuert gleichzeitig, dass er sich vor diesem Schuldbuch wahrhaftig nicht fürchte, »trotzdem es mir unzugänglich ist, denn ich kann es nur mit zwei Fingerspitzen anfassen« (44). K. meint, sein Fall wäre als unwichtig anzusehen. Da er aber auch unter dem Aspekt betrachtet werden könne, »das Zeichen eines Verfahrens« zu sein, »wie es gegen viele geübt« (45) werde, wolle er – K. – für all diese stellvertretend vor dem Untersuchungsrichter stehen. Er will also die »öffentliche Besprechung eines öffentlichen Mißstandes« (ebd.).

Dann holt K. in seiner Rede weit aus und schildert in seiner anklägerischen Rede, wie er vor zehn Tagen verhaftet worden sei und welche Erfahrungen er mit dem Gericht und seinen Vertretern bislang gemacht habe. Er glaubt nun, dass möglicherweise ein Zimmermaler statt seiner verhaftet werden sollte. Die Wächter, die ihn in seiner Wohnung aufgesucht hätten, seien »demoralisiertes Gesindel« gewesen, das sich hätte bestechen lassen wollen. Der Aufseher sei ihm die Antworten auf seine Fragen schuldig geblieben und hätte allenfalls als »Darstellung des stumpfsinnigsten Hochmuts« (46) auf dem Sessel einer Dame [Fräulein Bürstners] gesessen. Drei Angestellte der Bank, in der er selbst tätig sei, hätten den Aufseher begleitet, sie wären wohl mitgekommen, um in der Bank seine Stellung zu erschüttern. Die Verhaftung sei nichts anderes »als ein Anschlag, den nicht genügend beaufsichtigte Jungen auf der Gasse ausführen« (46 f.). Zusammenfassend charakterisiert K. die Organisation, die wohl hinter seiner Verhaftung stecke, als »eine Organisation, die nicht nur bestechliche Wächter, läppische Aufseher und Untersuchungsrichter, die günstigsten Falles bescheiden sind, beschäftigt, sondern die weiterhin jedenfalls eine Richterschaft hohen und höchsten Grades unterhält mit dem zahllosen unumgänglichen Gefolge von Dienern,

Schreibern, Gendarmen und andern Hilfskräften, vielleicht sogar Henkern. […] Und der Sinn dieser großen Organisation […]? Er besteht darin, daß unschuldige Personen verhaftet und gegen sie ein sinnloses und meistens wie in meinem Fall ergebnisloses Verfahren eingeleitet wird« (48).

K. beobachtet, wenn er in den ›Gerichtssaal‹ blickt, wie die Waschfrau, die ihn in den Raum verwiesen hatte, von einem Mann in einen Winkel bei der Tür gezogen wird und wie der Mann sie dort an sich drückt. Der Mann kreischt, K. will hinlaufen, aber bereits die ersten Reihen von Menschen vor dem Podium lassen ihn nicht durch und versperren ihm so den Weg. Vor allem ist es eine Reihe von älteren Männern mit Bärten, die K. den Rückweg verbarrikadieren. Plötzlich erkennt K., dass alle ein Abzeichen am Rockkragen tragen. Er revidiert seinen ersten Eindruck, dass es sich um verschiedene Parteien handle, die das Publikum bilden. K. erkennt plötzlich, dass sie alle »Beamte« sind. »Ihr seid ja die korrupte Bande, gegen die ich sprach, Ihr habt Euch hier gedrängt, als Zuhörer und Schnüffler, habt scheinbare Parteien gebildet und eine hat applaudiert um mich zu prüfen, Ihr wolltet lernen, wie man Unschuldige verführen soll« (50).

Dann geht K. durch das Zimmer zur Eingangstür zurück, dort trifft er aber auf den Untersuchungsrichter, der für K. unbemerkt die Tür schon erreicht hat. Er erwartet K. an der Tür, gebietet ihm Halt und sagt ihm: »Ich wollte Sie nur darauf aufmerksam machen […], daß Sie sich heute – es dürfte Ihnen noch nicht zu Bewußtsein gekommen sein – des Vorteils beraubt haben, den ein Verhör für den Verhafteten in jedem Falle bedeutet« (ebd.). Mit einem »Ihr Lumpen […] ich schenke Euch alle Verhöre« (ebd.) verlässt K. den Raum.

Im leeren Sitzungssaal. Der Student. Die Kanzleien

K. wartet während der nächsten Woche auf eine erneute Nachricht seitens des Gerichts, die allerdings ausbleibt. Er kann nicht glauben, dass man seinen Verzicht auf Verhöre wörtlich genommen habe, und findet sich deshalb, weil bis zum Samstagabend keine »Verständigung« (51) erfolgt ist, unaufgefordert am nächsten Sonntag wieder zur gleichen Zeit im gleichen Haus ein. Die ihm aus der vorherigen Woche bekannte Frau macht ihn darauf aufmerksam, dass diesmal keine Sitzung stattfinde. K. bittet sie, die Bücher des Untersuchungsrichters auf dem Podium einsehen zu dürfen, was ihm die Frau jedoch zunächst verwehrt. Er kommentiert dieses Verbot damit, dass er sagt: »Die Bücher sind wohl Gesetzbücher und es gehört zu der Art dieses Gerichtswesens, daß man nicht nur unschuldig, sondern auch unwissend verurteilt wird« (51).

Die Frau fragt K., ob sie dem Untersuchungsrichter etwas melden solle, denn sie kenne ihn gut, weil ihr Mann Gerichtsdiener sei. So erfährt K., dass die junge Frau verheiratet ist. Ihm fällt sofort wieder die Szene im Versammlungssaal ein, wo diese Frau von einem Mann bedrängt wurde und das Geschrei des Mannes K.s Rede unterbrochen hat. Die Frau entschuldigt sich damit, dass sie der Mann, der sie »damals umarmt« habe, schon seit langem verfolge und sie dem Mann gehorchen müsse, denn er sei Student und werde »voraussichtlich zu größerer Macht kommen« (52). Auf die Frage der Frau, ob K. bei dem Gericht einiges verbessern wolle, antwortet K., zwar nicht dazu angestellt zu sein, »Besserungen hier zu erreichen« (53), aber dadurch, dass er angeblich verhaftet sei, sehe er sich gezwungen, in seinem eigenen Interesse einzugreifen. K. bietet der Frau seine Hilfe an, nicht »nur aus Nächstenliebe, sondern außerdem deshalb, weil auch Sie mir helfen können« (ebd.). Eine mögliche Hilfe sieht er darin, dass sie ihm doch Einblick in die Bücher des Untersuchungsrichters gewährt. Die Frau tut es, und K., der das oberste Buch aufschlägt, muss erkennen, dass es sich um pornographische Literatur handelt.

Bezogen auf seinen Prozess meint er gegenüber der Frau, »daß das Verfahren infolge Faulheit oder Vergeßlichkeit oder vielleicht sogar infolge Angst der Beamtenschaft schon abgebrochen ist oder in der nächsten Zeit abgebrochen werden wird. Möglich ist allerdings auch, daß man in Hoffnung auf irgendeine größere Bestechung den Proceß scheinbar weiterführen wird, ganz vergeblich, wie ich heute schon sagen kann, denn ich besteche niemanden« (55). Am Ende seiner Ausführungen erfährt K. ganz beiläufig, dass die Frau den Untersuchungsrichter kenne, ja sie gesteht K. sogar, dass sie ein Verhältnis mit ihm habe. Der Richter sei am letzten Sonntag, nachdem er bis in die Nacht hinein nach der Sitzung Berichte geschrieben habe, plötzlich neben ihrem Bett gestanden. Während sie K. davon erzählt, streckt sie ihre Beine aus und zeigt K. die seidenen Strümpfe, die der Untersuchungsrichter ihr durch den Studenten zum Geschenk hat machen lassen.

In der Tür des Sitzungszimmers steht plötzlich ein junger Mann, der Student Bertold. K. vertröstend, er möge ihr nicht böse sein, sie komme gleich zu ihm zurück und wolle dann mit ihm gehen, wohin er wolle, begibt sich die junge Frau zu dem Studenten. In diesem Augenblick fühlt sich K. zu der Frau hingezogen, von ihr verlockt. Er schiebt den Einwand beiseite, die Frau könne ihn für das Gericht einfangen, und er versteigt sich sogar zu der Vorstellung, dass eines Nachts der Untersuchungsrichter das Bett der Frau leer vorfinden könnte, »weil sie K. gehörte« (58).

Die Unterredung der Frau mit dem Studenten dauert K. schließlich zu lange, sodass er ungeduldig wird und den Studenten bittet, sie zu verlassen. Der Student kommentiert K.s Verweis mit der Bemerkung, man hätte K. vielleicht doch nicht frei herumlaufen lassen sollen. Es wäre besser gewesen, wie er es auch schon dem Untersuchungsrichter gesagt habe, wenn man K. in seinem Zimmer zwischen den einzelnen Verhörterminen festgehalten hätte. Als K. die Frau an sich ziehen will, nimmt sie der Student plötzlich auf den Arm und läuft, mit gebeugtem Rücken, auf die Tür des Zimmers zu. K., neben ihnen herlaufend und bereit, den Studenten zu packen und sogar zu würgen, lässt erst von ihnen, als ihm die Frau sagt, sie müsse nun zu dem Untersuchungsrichter. Sie lehnt den Befreiungsversuch ab, es sei ihr Verderben. Mit einem wütenden »Dann will ich sie nicht mehr sehen« und einem Stoß in den Rücken des Studenten, dass dieser für einen kurzen Augenblick in seinem Lauf stolpert, lässt K. beide ihres Wegs ziehen und weiß, dass es nun die »erste zweifellose Niederlage« ist, die er von »diesen Leuten erfahren hatte« (60).

K. sieht beiden noch kurz nach und bemerkt bei dieser Gelegenheit gleich gegenüber der Wohnungstür eine Holztreppe zum Dachboden. Die Treppe führt, wie einem kleinen Zettel zu entnehmen ist, zu den Gerichtskanzleien. Offensichtlich sind die Kanzleien auf dem Dachboden eines Mietshauses untergebracht, was, wie K. meint, darauf hinweist, wie wenig Geldmittel dem Gericht zur Verfügung stehen. Noch während K. vor dem Anschlagzettel steht, kommt ein Mann die Treppe herauf und blickt kurz ins Wohnzimmer. K. erkennt in ihm den Gerichtsdiener, den

Mann der gerade weggetragenen Frau. Aufgeklärt über den Verbleib seiner Frau, gibt er dieser selbst die Schuld, denn sie sei es, die sich an den Untersuchungsrichter gehängt habe, der in diesem Haus schon fünf Frauen nachlaufe. Dem Studenten wünscht er, dass sich jemand finde, der ihn durchprügele, er selbst dürfe ihn nicht so bestrafen. K. aber glaubt, ihm diesen Gefallen nicht tun zu können, da er befürchtet, der Student habe dann einen negativen Einfluss auf den Ausgang der gegen ihn laufenden Voruntersuchungen. Der Gerichtsdiener beendet schließlich die Unterhaltung mit K., weil er sich in der Kanzlei melden müsse, und lädt K. ein, ihn auf dem Weg zu den Kanzleien zu begleiten, so könne er sich, auch wenn er meinte, dort nichts zu tun zu haben, die Räumlichkeiten einmal ansehen. K. willigt ein.

K. trifft auf dem Gang, von dem aus Türen zu den einzelnen Abteilungen des Dachbodens führen, nur wenige Leute, Angeklagte, wie der Gerichtsdiener bestätigt, die auf K. alle einen gedemütigten Eindruck machen. K. spricht einen dieser Angeklagten an und fragt ihn, worauf er warte, erhält aber nach langem Zögern nur die lakonische Antwort: »Ich warte«. Dann fügt der Mann hinzu, dass er vor einem Monat in seiner Sache einige Beweisanträge gemacht habe und nun auf deren Erledigung warte. K. meint, er selbst mache sich nicht eine so große Mühe: »Ich […] bin auch angeklagt, habe aber, so wahr ich selig werden will, weder einen Beweisantrag gestellt noch auch sonst irgendetwas derartiges unternommen« (65).

Nachdem K. für sich zur Genüge gesehen hat, wie es auf dem Gang des Dachbodens aussieht, will er gehen und dabei von dem Gerichtsdiener begleitet werden, um nicht den Weg zu verfehlen, denn »es sind hier so viele Wege« (67).

Der Gerichtsdiener verweigert ihm die Begleitung. Noch auf dem Gang wird K. von einem Mädchen angesprochen. Sie fragt, was der Herr wünsche, was K. wiederum verblüfft, hatte doch der Gerichtsdiener K. angedeutet, dass sich niemand um ihn kümmern werde. K. will dem Mädchen seine Anwesenheit auf dem Dachboden damit erklären, dass er sich nach dem nächsten Gerichtstermin habe erkundigen wollen, unterlässt dies jedoch, da es nicht der Wahrheit entsprochen hätte, denn seine Anwesenheit auf dem Dachboden beruht einzig und allein auf seiner Neugierde und dem »Verlangen festzustellen, daß das Innere dieses Gerichtswesens ebenso widerlich war wie sein Äußeres« (ebd.). Aus der Angst heraus, zufällig einem höheren Beamten gegenüberzustehen, will K. auf jeden Fall die Kanzlei verlassen, woran ihn allerdings hindert, dass ihm plötzlich schwindlig wird. Das Mädchen bittet ihn, auf einem herbeigebrachten Sessel Platz zu nehmen. Sie beruhigt K., indem sie ihm sagt, dass der Schwindel nichts Außergewöhnliches sei, denn jeder, der hier zum ersten Mal erscheine, werde von einem solchen Unwohlsein befallen. Das Mädchen und ein elegant gekleideter Mann bieten K. dann an, ihn ins Krankenzimmer zu führen, ändern aber ihren Vorschlag, weil sie merken, dass K. die »Atmosphäre« (69) insgesamt nicht bekommt. Sie wollen ihn nun aus den Kanzleien ganz herausführen, was dieser freudig vernimmt, zumal der Gerichtsdiener inzwischen verschwunden ist. Von beiden unterstützt, wird K. hinausbegleitet. Auf dem Weg erfährt er, dass der elegante Mann der Auskunftgeber ist, der den wartenden Parteien alle Auskünfte gibt, »die sie brauchen« (70), und das Mädchen verrät ihm, dass sie, die sie zur Beamtenschaft des Gerichts gehörten, zwar hartherzig erschienen, es aber in Wirklichkeit nicht seien. Sie treffen auf ihrem Weg nach draußen jenen Angeklagten wieder, den K. schon auf dem Hinweg angesprochen hatte. Dieser entschuldigt gegenüber dem Auskunftgeber seine Anwesenheit auf dem Dachboden: Er wisse zwar, dass die Erledigung seiner Anträge an diesem Tag noch nicht gegeben werden könne, aber da Sonntag sei, habe er Zeit zu warten. Erst als K. an der Ausgangstür, zu der ihn die beiden begleiten, einen frischen Luftzug spürt, kehren seine alten Kräfte zurück. Nachdem er sich von dem Auskunftgeber und dem Mädchen verabschiedet hat und die Treppe frisch und in langen Sprüngen hinuntergelaufen ist, verblüfft ihn selbst dieser rasche Umschwung: »Solche Überraschungen hatte ihm sein sonst so ganz gefestigter Gesundheitszustand noch nie bereitet. Wollte etwa sein Körper revolutionieren und ihm einen neuen Proceß bereiten, da er den alten so mühelos ertrug?« (73 f.). K. beschließt, bei nächster Gelegenheit seinen Arzt aufzusuchen.

Der Prügler

Als K. an einem der nächsten Abende über den von seinem Bürozimmer in der Bank zur Haupttreppe führenden Korridor geht, hört er hinter der Tür zu einem Zimmer, in dem er immer eine Rumpelkammer vermutet hat, Seufzer. K. bleibt erstaunt stehen, horcht, reißt schließlich die Tür auf und sieht in der Rumpelkammer drei Männer, davon einer mit Leder bekleidet und einer Peitsche in der Hand. In den beiden anderen Männern, die wohl ausgepeitscht werden sollen, muss er seine Wächter, Willem und Franz, wiedererkennen. Auf seine Frage hin, was sie hier trieben, erhält er als Antwort, sie sollten zur Strafe geprügelt werden, weil er sich beim Untersuchungsrichter über sie beklagt habe, was

K. jedoch energisch von sich weist, denn er habe sich nicht beklagt, wohl aber gesagt, wie »es sich in [s]einer Wohnung zugetragen« (75) habe. Willem begründet seinen früheren Versuch, an die Kleidung von K. zu kommen, damit, dass sie als Wächter schlecht bezahlt seien. Franz brauche ebenfalls Geld, weil er bald heiraten wolle. Außerdem sei es Tradition, dass die Wäsche der Angeklagten den Wächtern gehöre, und nur weil K. öffentlich darüber gesprochen habe, müssten sie nun bestraft werden. Der Prügler beredet K., er möge sich nicht durch die Klagen der beiden Wächter rühren lassen. Die Strafe, die sie erführen, sei gerecht. Es stimme auch nicht, dass K. beiden ein berufliches Vorwärtskommen bei Gericht unmöglich gemacht hätte. Franz, der die Gewohnheit habe, von allen Verhafteten das Frühstück aufzuessen, sei z. B. viel zu fett, als dass er hätte befördert werden können. K. bietet dem Prügler eine Belohnung an, wenn er die beiden Männer laufen lasse. Er halte sie nicht für schuldig, schuldig seien vielmehr die Organisation und die hohen Beamten. Hätte der Prügler einen hohen Richter unter seiner Peitsche, würde er ihn nicht daran hindern loszuschlagen. Der Prügler nimmt K.'s Geld nicht an. Franz, der wie Willem dem Gespräch zugehört hat, bittet K. nun, wenn nicht beide Wächter, so doch ihn allein zu befreien, denn Willem habe ihn als sein Lehrer nur zu den Handlungsweisen verführt. Seine arme Braut warte unten vor der Bank, und er schäme sich so erbärmlich. In dem Augenblick, wo er mit K.s Rock sein tränenüberlaufenes Gesicht abtrocknen will, schlägt der Prügler brutal auf Franz ein. Dieser schreit so auf, dass er im ganzen Haus gehört werden kann. K. ruft ihm deswegen zu, nicht zu schreien. Und während K. in die Richtung schaut, aus der die Diener wohl kommen, die außer K. noch zu so später Stunde in der Bank gearbeitet haben, stößt K. an Franz, »nicht stark aber doch stark genug, daß der Besinnungslose niederfiel und im Krampf mit den Händen den Boden absuchte; den Schlägen entgieng er aber nicht« (78). In der Ferne erscheinen die Diener, K. verlässt schnell die Rumpelkammer und zieht die Tür hinter sich zu. Auf die Frage, ob etwas geschehen sei, antwortet er den Dienern: »Nein, nein, es schreit nur ein Hund.« K. quält nun, dass es ihm nicht gelungen ist, dem Prügeln Einhalt zu gebieten, zumal ihm der gierige Blick des Prüglers wieder in Erinnerung kommt, mit der dieser die ihm von K. gezeigte Brieftasche mit Geld angestarrt habe. K. ist sich keiner Schuld bewusst, Franz hätte nicht schreien dürfen. Dann wäre es ihm möglicherweise gelungen, den Prügler von der Bestrafung abzuhalten. K. hätte gern die Wächter befreit, allein schon, um auf diese Weise »die Verderbnis dieses Gerichtswesens zu bekämpfen« (79). Er überlegt noch, ob er sich nicht selbst hätte ausziehen können, um sich als Ersatz für die Wächter dem Prügler zur Prügelstrafe anzubieten, verwirft aber diesen Gedanken sofort wieder, denn der Prügler hätte diese Vertretung gewiss nicht angenommen, »da er dadurch, ohne einen Vorteil zu gewinnen, dennoch seine Pflicht schwer verletzt hätte« (80). Dass er Franz zuletzt noch einen Stoß gegeben hat, bedauert K., aber seine Aufregung entschuldige es, wie er meint.

Als K. auf dem Weg über den Korridor nochmals an der Tür zur Rumpelkammer vorbeikommt, hört er keinen Laut mehr. Er öffnet die Tür nicht mehr, sondern verlässt das Bankgebäude, um nicht abermals den Dienern zu begegnen. Noch am nächsten Tag gehen K. die Wächter nicht aus dem Sinn. Ein erneuter Blick in die Rumpelkammer zeigt ihm, dass das Zimmer völlig unverändert ist: »der Prügler mit der Rute, die noch vollständig angezogenen Wächter« (81). Als diese zu klagen beginnen und »Herr!« rufen, wirft K. die Tür zu, läuft zu den Dienern und bittet sie, demnächst einmal die Rumpelkammer aufzuräumen, was die Diener versprechen, am nächsten Tag zu tun. Dann geht K. »müde und gedankenlos nachhause« (ebd.).

Der Onkel. Leni

Eines Nachmittags erhält K. in seinem Büro in der Bank unerwartet Besuch von seinem Onkel, einem kleinen Grundbesitzer vom Lande, der früher einmal K.'s Vormund war. Der Onkel hat brieflich durch seine Tochter Erna von K.'s Prozess gehört und will ihm nun seine Hilfe anbieten.

Erna hatte nämlich K. in der Bank besuchen wollen, wurde aber nicht vorgelassen, weil K. zu sehr beschäftigt war. Beiläufig erzählte ihr bei dieser Gelegenheit ein Diener von dem Prozess, in den K. verstrickt sei. Erna bat daraufhin ihren Vater, bei einem Besuch von K. »Genaueres zu erfahren und wenn es wirklich nötig sein sollte, durch Deine großen einflußreichen Bekanntschaften einzugreifen« (84). Diese Hilfe will der Onkel nun K. anbieten.

K. erzählt ihm, dass er in einen »Strafproceß« (85) verwickelt sei, woraufhin sich der Onkel über die von K. gezeigte Ruhe verwundert und verärgert ist, weil sich so kein unschuldig Angeklagter verhalte, der noch bei Kräften sei. K. meint hingegen, »je ruhiger« er sich zeige, »desto besser [wäre] es für den Ausgang [des Prozesses]« (ebd.). Um keine ungebetenen Mithörer zu haben, bittet K. den Onkel, das Bankgebäude mit ihm zu verlassen. Aber noch in der Vorhalle der Bank muss K. dem Onkel auf dessen Drängen hin eingestehen, dass es sich bei seinem Prozess gar nicht um einen »Proceß vor dem gewöhnlichen Gericht« (86) handle. Der Onkel fragt K. nach ersten Anzeichen, die früher bereits auf einen solchen Prozess hingedeutet hätten, und lädt K. zu einem kleinen Aufenthalt zu sich auf dem Lande ein, dessen er wohl zur Kräftigung bedürfe, denn es stünden ihm bestimmt erhebliche Anstrengungen bevor. K. hingegen glaubt, dass man ihm seitens des Gerichts verbieten könne, eine solche Reise aufs Land anzutreten, außerdem könne man sie ihm als »Flucht und Schuldbewußtsein« (88) auslegen. Der Onkel gibt nun zu, das Angebot eines Aufenthalts auf dem Land nur gemacht zu haben, um zu überprüfen, wie weit K.'s Gleichgültigkeit gegenüber dem Prozess gehe. Nun sei er aber zufrieden, da er sehe, wie sehr sich K. selbst mit aller Kraft engagieren wolle.

Mittlerweile hat man das Bankgebäude verlassen und der Onkel und K. haben ein Automobil bestiegen, das sie zu einem alten Bekannten des Onkels bringen soll, den Advokaten und Armenanwalt Huld. Seine Kanzlei befindet sich genau in der Vorstadtgegend, in der auch die Gerichtskanzleien untergebracht sind. Auf dem Weg zu Huld erzählt K. seinem Onkel detailliert alles über seinen Prozess. Dort angekommen, erfahren sie von einem Mann im Schlafrock, dass Huld krank sei. Ein junges Mädchen, Leni, öffnet ihnen, nachdem sie beim Advokaten mehrfach angeklopft haben. Auch das Mädchen weist nochmals darauf hin, dass der Advokat krank sei, aber führt beide in das Zimmer, in dem der Advokat zu Bett liegt und unter Schlaflosigkeit, Atemnot und verfallender Kraft leidet. Er fühlt sich von Leni gut versorgt. Der Onkel, später dann der Advokat selbst, bitten die Pflegerin, den Raum zu verlassen. Als Leni gegangen ist, glaubt der Onkel, bereits durch den Weggang der »Hexe« (92) gehe es Huld viel besser. Huld beteuert gegenüber seinem Freund Albert, dem Onkel K.s, dass seine Kraft ausreichen werde, sich für den Neffen einzusetzen. Dem Gespräch zwischen dem Onkel und dem Advokaten entnimmt K., dass Huld über seinen Prozess bereits Bescheid weiß. Dies bestätigt auch der Advokat und begründet es damit, dass er in Gerichtskreisen verkehre und dort über den Prozess des Neffen seines Freundes gehört habe.

Außerdem besuchten ihn Freunde vom Gericht auch jetzt während der Zeit seiner Krankheit. In diesem Augenblick weist er K. auf eine Gestalt hin, die sich bislang unbemerkt in einer Ecke des Zimmers aufgehalten hat. Im Schein der Kerze, die der Onkel zur Beleuchtung des Zimmers hochhält, sieht man in der Ecke einen älteren Menschen. Es handelt sich um den Kanzleidirektor, mit dem der Advokat nunmehr K. und dessen Onkel bekannt macht. Während sich der Onkel, der Kanzleidirektor und der Armenadvokat unterhalten, steht K. abseits und weiß nicht einmal, worum sich die Unterhaltung dreht. Dann begibt er sich ins Vorzimmer, wo ihn Leni, die Pflegerin und wohl auch Geliebte des Advokaten, empfängt. Leni hatte einen Teller gegen die Mauer geworfen, um auf diese Weise K. von den alten Männern weg und zu sich zu locken. Sie führt K. in ein unbeleuchtetes Zimmer; im Mondlicht erkennt K. an der Wand ein Bild, das nach Lenis Aussage einen der Untersuchungsrichter zeigt. K. ist enttäuscht, in dem Porträt wieder nur einem Untersuchungsrichter und nicht einem höheren Beamten zu begegnen, obwohl der Mann im Talar auf einem »hohen Tronsessel« (97) sitzt, dessen »Vergoldung vielfach aus dem Bilde hervorstach« (ebd.). Leni korrigiert K. in seiner Annahme, es handle sich um einen hohen Beamten, denn in Wirklichkeit sitze er auf einem Küchensessel, der mit einer Pferdedecke bedeckt sei. Leni rät K., bei Gericht nicht zu unnachgiebig zu sein: »Machen Sie doch bei nächster Gelegenheit das Geständnis. Erst dann ist die Möglichkeit zu entschlüpfen gegeben, erst dann. Jedoch selbst das ist ohne fremde Hilfe nicht möglich, wegen dieser Hilfe aber müssen Sie sich nicht ängstigen, die will ich Ihnen selbst leisten« (98). Bei diesen Worten nähert sich Leni immer mehr K., dem plötzlich auffällt, dass er immer Helferinnen werbe, zuerst »Fräulein Bürstner, dann die Frau des Gerichtsdieners und endlich diese kleine Pflegerin« (99). Auf die Frage Lenis hin, ob er eine Geliebte habe, zeigt K. ihr ein Photo der tanzenden Elsa, von der er aber meint, sie sei nicht bereit, sich für ihn zu opfern. Leni fragt K. nach einem körperlichen Fehler Elsas, macht ihn auf ihre Fischhäute zwischen den Fingern aufmerksam und zieht K. dann zu sich auf den Boden des dunklen Raums herunter.

Beim Weggehen küsst Leni K. und gibt ihm den Hausschlüssel. Als K. vor das Haust üor tritt, springt der Onkel aus einem Automobil heraus, drückt K. gegen das Haustor und beschimpft ihn, dass er sich stundenlang mit einem »kleinen schmutzigen Ding« (101) verkrochen habe, während er sich mit dem Advokaten und dem Kanzleidirektor, der seine Sache in dem jetzigen Stadium beherrsche, unterhielt. Auch dem Advokaten sei K.'s Verhalten äußerst peinlich gewesen, und es trage wohl zu dessen »vollständige[m] Zusammenbrechen« (ebd.) bei.

Advokat. Fabrikant. Maler

An einem Wintervormittag sitzt K. in seinem Büro. Statt zu arbeiten, kreisen seine Gedanken – wie häufig in letzter Zeit – um seinen Prozess. Besonders beschäftigt ihn die Frage, ob es nicht besser sei, selbst eine Verteidigungsschrift auszuarbeiten und bei Gericht einzureichen. Er hat dies auch dem Advokaten vorgetragen, der ihm jedoch von einem solchen Schritt abriet. K. weiß ohnehin nicht, was der Advokat für ihn unternimmt, denn schon seit längerer Zeit hat dieser ihn nicht zu sich gerufen. Außerdem ist er inzwischen skeptisch geworden, ob der Advokat überhaupt etwas für ihn erreichen kann, denn dieser hat ihn mehrfach damit vertröstet, die erste Eingabe sei fast fertig gestellt, aber es könne bei Gericht durchaus passieren, dass diese Eingabe erst gar nicht zur Kenntnis genommen werde. Es könne auch sein – so entnimmt K. den Ausführungen des Advokaten –, dass das Verfahren nicht öffentlich werde, denn das Gesetz schreibe Öffentlichkeit nicht vor. »Infolgedessen sind auch die Schriften des Gerichtes, vor allem die Anklageschrift dem Angeklagten und seiner Verteidigung unzugänglich« (104). Für eine spätere, zutreffende und beweisführende Eingabe spreche überdies, dass erst im Laufe der Einvernahmen des Angeklagten die »einzelnen Anklagepunkte und ihre Begründung deutlicher hervor[träten]« (ebd). Ohnehin sei eine Verteidigung durch das Gesetz eigentlich nicht gestattet, allenfalls geduldet, und darum gebe es auch keine vom Gericht anerkannten Advokaten. Man will die Verteidigung möglichst ausschalten, »alles soll auf den Angeklagten selbst gestellt sein« (105). Und dennoch sei vor keinem Gericht der Advokat so notwendig wie bei diesem. Das Verfahren sei nämlich im allgemeinen nicht nur vor der Öffentlichkeit geheim, sondern auch vor dem Angeklagten. Auch der Angeklagte habe keinen Einblick in die Gerichtsschriften. Ausschlaggebend aber seien die persönlichen Beziehungen des Advokaten, wenn auch nur zu den höheren Beamten der unteren Grade. Was den Aufbau des

Gerichtes angehe, so seien Rangordnung und Steigerung des Gerichtes unendlich und selbst für den Eingeweihten nicht absehbar. So könnten die Bearbeiter die Bearbeitung der Angelegenheiten nicht weiter verfolgen. Sie entzögen sich ihren Blicken. Trotz allem sei aber den Advokaten nicht daran gelegen, »bei Gericht irgendwelche Verbesserungen einzuführen« (109), wohingegen fast jeder Angeklagte schon »beim allerersten Eintritt in den Proceß an Verbesserungsvorschläge« denke (ebd.). Der Kanzleidirektor sei aus der Liste derjenigen, die für K. etwas tun könnten, fast zu streichen, obwohl der Kanzleidirektor einflussreich sei. Aber wegen K.'s ungebührlichem Benehmen dürfe man in dessen Nähe K.'s Prozess nicht einmal mehr erwähnen. Es könne auch passieren, dass das Gericht den Advokaten entziehe, die Angeklagten dagegen könnten ihren Advokaten nicht entbinden, sie müssten bei dem von ihnen gewählten Advokaten bleiben, »geschehe was immer« (111). Die Eingabe, so erfährt K., sei noch nicht gemacht, aber die ersten einleitenden Besprechungen hätten bereits stattgefunden.

Solche ungenauen, vagen Informationen erhält K. bei seinen vielen Besuchen des Advokaten, die ihm auch immer wieder Gelegenheit schaffen, Leni nahe zu sein. K. muss demnach den Eindruck gewinnen, dass seine Verteidigung bei dem Advokaten nicht in den besten Händen liegt, sein Prozess aber – nach Auskunft des Advokaten – ein »schwieriger also wichtiger Proceß« (113) ist.

So will K. selbst eingreifen. Die Verachtung, die er früher dem Prozess entgegengebracht hat, ist gewichen. K. will sich also seinem Prozess zuwenden, und er hegt keinen Zweifel, dass »es gut ausgehn« (114) muss. Voraussetzung dazu ist aber, dass er »jeden Gedanken an eine mögliche Schuld von vornherein« (ebd.) ablehnt. »Es gab keine Schuld. Der Proceß war nichts anderes, als ein großes Geschäft, [...] innerhalb dessen, wie dies die Regel war, verschiedene Gefahren lauerten, die eben abgewehrt werden mußten« (ebd.).

K. erkennt es als dringlich an, dem Advokaten seinen Fall abzunehmen und stattdessen selbst in eigener Angelegenheit tätig zu werden, wozu auch gehört, sich der »endlose[n] Arbeit« (116) einer Eingabe selbst zu unterziehen, und sei es, dass er dafür Urlaub nehmen müsse. Noch während K. in seinem Büro diesen Gedanken an seinen Prozess nachhängt, machen ihn seine Diener darauf aufmerksam, dass vor dem Büro Kunden auf K. warten. K. führt mit einem Fabrikanten, den er hereinbittet, ein Gespräch, das jedoch von K.'s Seite sehr unkonzentriert ausfällt, da er noch immer mit Gedanken an seinen Prozess beschäftigt ist. Der Direktor-Stellvertreter, der den Büroraum K.s betritt, übernimmt daraufhin das Kundengespräch und führt den Fabrikanten in sein eigenes Bürozimmer, um mit ihm über dessen Geschäft zu sprechen. K. sinnt weiter über seinen Prozess nach und kommt zu dem Schluss, auf jeden Fall Urlaub zu nehmen. Noch bevor der Fabrikant die Bank verlässt, schaut er nochmals bei K. vorbei und teilt ihm mit, dass er von seinem Prozess wisse und ihm helfen wolle, denn er kenne einen Maler, der wiederum als Porträtmaler gute Beziehungen zu den Richtern des Gerichts habe. Durch den Maler Titorelli wisse er auch von seinem Prozess, nicht etwa durch den Direktor-Stellvertreter, wie K. zunächst annimmt. Titorelli könne ihm behilflich sein. Wenn er auch keinen großen Einfluss auf die Richter selbst habe, so könne er K. doch Ratschläge erteilen, wie man »verschiedenen einflußreichen Leuten« beikomme (124). K. empfängt von dem Fabrikanten das Empfehlungsschreiben an den Maler, nimmt Urlaub in seiner Bank und begibt sich zu Titorelli, der in einer Vorstadt wohnt, die jener, »in welcher sich die Gerichtskanzleien befanden vollständig entgegengesetzt war« (128). Der Maler haust in einer Dachkammer. Auf dem Weg dorthin wird K. von einer Gruppe Mädchen, »eine Mischung von Kindlichkeit und Verworfenheit« (129), die Treppen hinaufbegleitet. Titorelli empfängt ihn im Nachthemd. Ein Bild in der Dachkammer, das sehr stark an das Gemälde im Arbeitszimmer des Advokaten erinnert, bringt das Gespräch schnell auf das Gericht. K. fragt Titorelli nach einer auf diesem Richterporträt erkennbaren Figur, die sich über dem Thronsessel, auf dem der Richter sitzt, befindet. Der Maler sagt, es handle sich um die Gerechtigkeit. K. bemerkt, dass die Figur eine »Binde um die Augen« gebunden habe und eine »Wage« in der Hand halte, aber Flügel an den Fersen trage und sich »im Lauf« (133) befinde. Der Maler erklärt, dass es sich bei der Figur um die Darstellung von Gerechtigkeit und Siegesgöttin »in einem« (ebd.) handle und dass er das Bild dem Auftrag gemäß so gemalt habe. »Das ist keine gute Verbindung«, sagt K. »lächelnd« und fügt hinzu: »Die Gerechtigkeit muß ruhen, sonst schwankt die Wage und es ist kein gerechtes Urteil möglich« (ebd.). Durch Veränderungen, die der Maler an dem Bild noch mit Pastellfarben vornimmt, erscheint schließlich die Figur wie »die Göttin der Jagd« (134). Titorelli, der sich selbst als »Vertrauensmann des Gerichts« bezeichnet (ebd.), fragt K., ob er unschuldig sei. K. bejaht. Der Maler meint, dann sei die »Sache sehr einfach« (136). Dem entgegnet K.: »Meine Unschuld vereinfacht die Sache nicht. [...] Es kommt auf viele Feinheiten an, in denen sich das Gericht verliert. Zum Schluß aber zieht es von irgendwoher wo ursprünglich gar nichts gewesen ist, eine große Schuld hervor« (ebd.). Darauf erwidert der Maler, dass das Gericht, wenn es einmal anklage, von der Schuld des Angeklagten überzeugt sei und von dieser Überzeugung niemals abgebracht werden könne. Titorelli versucht, K. deutlich zu machen, dass er noch immer keinen ausreichenden »Überblick über das Gericht« (137) habe, ihn aber auch nicht brauche, da er – wie er meine – unschuldig sei. Er klärt K. darüber auf, dass das Gericht zwar unzugänglich für Beweisgründe sei, die man vor dem Gericht vorbringe, aber anders verhalte es sich »damit, was man in dieser Hinsicht hinter dem öffentlichen Gericht versucht, also in den Beratungszimmern, in den Korridoren oder z. B. auch hier im Atelier« (138). Was seine Verbindung zu den Richtern betreffe, so habe er sie geerbt.

In der Folge dreht sich das Gespräch zwischen K. und Titorelli, wenn es nicht durch jene Mädchen gestört wird, die sich vor der Dachbodenkammer aufhalten und die – wie der Maler sagt – zum Gericht gehören, um die »Art der Befreiung«, die K. für seinen Fall vorschwebt. Dabei zählt Titorelli drei Möglichkeiten auf: »die wirkliche Freisprechung, die scheinbare Freisprechung und die Verschleppung« (139). Zur wirklichen Freisprechung kann der Maler nur sagen, dass er bislang keinen einzigen Freispruch kennen gelernt habe, was aber auch daran liegen könne, dass die abschließenden Entscheidungen des Gerichts nicht veröffentlicht würden, nicht einmal den Richtern zugänglich seien und sich allenfalls als Legenden erhalten hätten. Was die scheinbare Freisprechung oder die Verschleppung angehe, könne er sich für beides einsetzen. Der Unterschied zwischen beidem sei, dass »die scheinbare Freisprechung eine gesammelte zeitweilige, die Verschleppung eine viel geringere aber dauernde Anstrengung« verlange (143). Bei der scheinbaren Freisprechung sprächen die untersten Richter zeitweilig frei, denn sie könnten nicht »endgiltig« (144) freisprechen, ein Recht, das nur die obersten Richter hätten, die aber nicht zu seinen Bekannten gehörten. Wenn auch die unteren Richter das Recht hätten, von der Anklage loszulösen, so schwebe sie doch immer noch über K. und trete sofort in Wirkung, wenn der höhere Befehl komme. Die Akten verkehrten weiterhin zwischen den höheren und unteren Gerichten. Es könnte zwar zu einem zweiten Freispruch kommen, dem dann aber durchaus eine weitere Verhaftung folgen könne usw.

Die Verschleppung hingegen besteht – nach den Worten des Malers – darin, dass der »Proceß dauernd im niedrigsten Proceßstadium« (146) erhalten wird, er müsse »in dem kleinen Kreis, auf den er künstlich eingeschränkt worden ist, gedreht werden« (147).

K. kann sich noch nicht zwischen den Vorschlägen entscheiden, verspricht dem Maler, demnächst wiederzukommen, und kauft ihm noch drei Gemälde, die jeweils die gleiche Heidelandschaft zeigen, ab. Um nicht wieder den lästigen Mädchen zu begegnen, wählt K. eine Tür, die er nur über das Bett des Malers erreichen kann. Als er diesen Ausgang nimmt, ist er verwundert, dass er sich – wie er erkennen muss – wieder die ganze Zeit in einem Gebäude mit Gerichtskanzleien befunden hat, denn auch das Atelier – wie ihm der Maler erklärt – »gehört eigentlich zu den Gerichtskanzleien« (150).

Kaufmann Block. Kündigung des Advokaten

Endlich hat sich K. dazu entschlossen, dem Advokaten seine Vertretung zu entziehen. Er begibt sich zu dessen Wohnung. Nicht Leni, wie erwartet, sondern ein kleiner Mann öffnet ihm. Es stellt sich im Gespräch heraus, dass es sich bei Kaufmann Block, denn um den handelt es sich bei dem kleinen dürren Mann mit Vollbart, ebenfalls um einen Angeklagten handelt, der den Advokaten in einer Rechtsangelegenheit aufgesucht hat. Als er nun Leni erblickt, die nur mit einem Hemd bekleidet ist, wird K. eifersüchtig, denn er glaubt, Leni habe auch ein Verhältnis mit Block, was sie energisch abstreitet: »Ich habe mich seiner ein wenig angenommen, weil er eine große Kundschaft des Advokaten ist, aus keinem andern Grund« (155). Wie sich später herausstellt, übernachtet Block sogar manchmal in der Wohnung des Advokaten, da es passieren kann, dass dieser zu einer unvorhersehbaren Stunde nach ihm verlangt. Während Leni dem Advokaten, der krank ist, eine Suppe bringen, ihn füttern und ihm bei dieser Gelegenheit K. als Besuch ankündigen soll, kommen K. und Block noch weiter ins Gespräch. Dabei erfährt K., dass Block seit mehr als fünf Jahren den Advokaten als Vertreter hat. Dessen Vertretung sei aber bislang erfolglos geblieben, sodass Block inzwischen fünf Winkeladvokaten genommen habe und mit einem sechsten zur Zeit in Verhandlung stehe, auch wenn das eigentlich verboten sei und der Advokat nichts davon erfahren dürfe. Auch Block hatte einmal versucht, selbst für sich bei Gericht zu arbeiten. Er habe aber davon bald wieder abgelassen und sei trotzdem fast jeden Tag in den Wartezimmern der Gerichtskanzleien gewesen. Bei einer solchen Gelegenheit sei er auch K. schon einmal begegnet. Die mit ihm Wartenden hätten damals an K.'s Lippen erkennen wollen, dass er »gewiß und bald verurteilt« werde (160). Er habe auch die Erfahrung gemacht, dass sich gemeinsam nichts gegen das Gericht durchsetzen lasse. Das Warten sei übrigens nicht nutzlos, nutzlos sei allenfalls das »selbstständige Eingreifen« (161). Er sei damals mit dem Fortschritt seines Prozesses unzufrieden gewesen. Heute wisse er, dass man in »diesem Verfahren nur selten Fortschritte« sehen könne (162), man könne allenfalls seine Hoffnung auf die »großen Advokaten« (164) richten, aber er selbst kenne »keinen Fall, von dem sich mit Bestimmtheit sagen ließe, daß sie eingegriffen hätten. Manchen verteidigen sie, aber durch eigenen Willen kann man das nicht erreichen, sie verteidigen nur den, den sie verteidigen wollen« (ebd.).

Inzwischen ist Leni vom Advokaten zurückgekehrt, dem sie K.'s Besuch ankündigte. Als K. das Zimmer des Advokaten betreten hat, schließt er die Tür hinter sich zu, um so zu verhindern, dass Leni ihm folgt. Der Advokat entschuldigt sich für die Zudringlichkeit Lenis, aber sie sei zu allen Angeklagten so, denn sie finde die meisten Angeklagten schön.

K. sagt dem Advokaten mit Bestimmtheit, dass er ihm die Vertretung mit unmittelbarer Wirkung entziehe. Er begründet es u. a. damit, dass er, als er auf sich allein gestellt war, nichts in seiner Sache unternommen, dies aber kaum gefühlt habe: »Jetzt dagegen hatte ich einen Vertreter, alles war dafür eingerichtet, daß etwas geschehe, unaufhörlich und immer gespannter erwartete ich Ihr Eingreifen« (171). Der Advokat hält K. vor, dass er sich im Laufe seiner Anwaltslaufbahn immer mehr auf Sachen wie die seine beschränkt habe; sein Fall gehe ihm besonders nahe. Um K. zu zeigen, wie gut er behandelt werde, obwohl er angeklagt sei, demonstriert der Advokat an dem ins Zimmer gerufenen Block, bis zu welcher tierischen Unterwürfigkeit sich das Verhältnis von Angeklagtem und Advokaten steigern kann. Block muss sich, vor dem Bett des Advokaten kniend, von diesem sagen lassen, dass der Richter sich weder über ihn noch über seinen Prozess günstig ausgesprochen habe.

Buchhandlung Weiland GmbH & Co. KG
Königstrasse 67a
23552 Lübeck
Tel.: 0451 / 16 00 6-0
luebeck@weiland.de

QUITTUNG

Der Proceß. Lektüreschlüssel für Schü
978-3-15-015371-0 3,60 1
Die Ratten. Lektüreschlüssel für Schü
978-3-15-015426-7 3,60 1

Total: 2 7,20 EUR

Bar: 7,20 EUR
Zurück: 0,00 EUR

Typ	MWSt	Netto	Brutto
1: 7,00%	0,48	6,72	7,20

02.02.2012 18:18:59 180-3-1326
001

Vielen Dank für Ihren Einkauf!
USt-IdNr.: DE 240 726 066

zeichneten Konto durch Lastschrift einzuziehen und verpflichte mich, auf dem Konto für die notwendige Deckung zu sorgen.

2. Ermächtigung zur Adressweitergabe

Ich ermächtige das kartenausgebende Kreditinstitut unwiderruflich, dem Händler und easycash auf Anforderung meinen Namen und Anschrift zur Geltendmachung der Forderung mitzuteilen.

3. Datenverarbeitung

Zum Zwecke der Zahlungsabwicklung speichert easycash die auf dem Magnetstreifen der Karte gespeicherten Daten (Konto-Nr., Bankleitzahl, Kartenfolge-Nr., Kartenverfallsdatum) sowie Datum, Uhrzeit, Ort und Betrag. Wird eine Lastschrift aus unbestrittener Forderung vom kartenausgebenden Kreditinstitut zurückgegeben (Rücklastschrift), so wird diese Tatsache in die Sperrdatei der easycash aufgenommen. Bis zur Bezahlung der offenen Forderung ist eine Teilnahme am Lastschriftverfahren bei den an die Sperrdatei an geschlossenen Unternehmen nicht möglich. easycash nutzt die für die Zahlungsabwicklung gespeicherten Daten außer bei berechtigtem Widerspruch auch zur Festlegung künftiger Zahlungsverfahren und übermittelt angeschlossenen Unternehmen auf deren Basis Zahlungswegeempfehlungen.

4.Verantwortliche Stelle

Verantwortliche Stelle ist neben dem Händler easycash, die auch die oben genannte Sperrdatei führt.

Unterschrift

www.easycash.de

1. Ermächtigung zum Lastschrifteinzug

Hiermit ermächtige ich umseitig genannten Vertragspartner („Händler") und easycash GmbH, Am Gierath 20, 40885 Ratingen („easycash"), umseitig ausgewiesenen Rechnungsbetrag von meinem durch Kontonummer und Bankleitzahl bezeichneten Konto durch Lastschrift einzuziehen und verpflichte mich, auf dem Konto für die notwendige Deckung zu sorgen.

2. Ermächtigung zur Adressweitergabe

Ich ermächtige das kartenausgebende Kreditinstitut unwiderruflich, dem Händler und easycash auf Anforderung meinen Namen und Anschrift zur Geltendmachung der Forderung mitzuteilen.

3. Datenverarbeitung

Block – so hatte der Richter gesagt – sei »bloß schlau« (180) hinsichtlich der Verschleppung seines Prozesses. Aber seine Unwissenheit sei noch viel größer als seine Schlauheit. Sein Prozess habe noch gar nicht begonnen, nicht einmal das Glockenzeichen zu seinem Beginn sei gegeben worden. Angesichts der Demütigung, die Block so erfährt, fühlt sich K. angewidert und in seinem Entschluss bekräftigt, dem Advokaten das Mandat zu entziehen. K. begreift nicht, wie der Advokat daran hat denken können, ihn durch diese Vorführung für sich zu gewinnen. »Hätte er ihn nicht schon früher verjagt, er hätte es durch diese Szene erreicht« (178).

Im Dom

K. bekommt den Auftrag, einem für die Bank sehr wichtigen italienischen Geschäftsfreund einige Kunstdenkmäler der Stadt zu zeigen. K. vermutet, dass dieser Auftrag an ihn erging, um ihn so wieder einmal »für ein Weilchen aus dem Bureau« (182) zu entfernen, wohinter er vor allem den Direktor-Stellvertreter als Initiator sieht, von dem er sich schon seit längerer Zeit belauert fühlt. K. einigt sich mit dem Italiener darauf, dass er diesem von den Kulturdenkmälern nur den Dom zeigen werde, und man verabredet sich zu der Besichtigung in etwa zwei Stunden. Die Zwischenzeit will K. nutzen, seine Italienischkenntnisse aufzufrischen.

Pünktlich im Dom, wartet K. vergeblich auf den Geschäftsfreund. Weil es draußen regnet, hält er sich weiter im Dom auf. Er wird auf einen Kirchendiener aufmerksam, der ihm undeutliche Zeichen gibt und ihn innerhalb der Kirche zu verfolgen scheint. K. fällt eine kleine Nebenkanzel auf. Ein Geistlicher besteigt die Kanzel und ruft K. in dem Augenblick beim Namen, als er den Dom verlassen will. Ein Dialog zwischen K. und dem Geistlichen setzt ein: »Du bist angeklagt«, sagt der Geistliche. »Ja, man hat mich davon verständigt«, antwortet K., woraufhin der Geistliche bestätigt: »Dann bist Du der, den ich suche […]. Ich bin der Gefängniskaplan« (194). Der Kaplan informiert K. darüber, dass sein Prozess schlecht stehe. K. gesteht ein, dass er nunmehr selbst an einem guten Ausgang des Prozesses zweifle, obwohl er früher darauf gehofft habe. Der Geistliche sagt ihm, dass man ihn für schuldig halte, zumindest halte man vorläufig seine Schuld für erwiesen. K. entgegnet, dass er immer noch nicht alles versucht habe und noch gewisse Möglichkeiten, die er bislang noch nicht ausgenutzt habe, sehe; aber der Geistliche hält ihm vor, dass er bislang zu sehr auf fremde Hilfe, vor allem die Hilfe von Frauen gesetzt habe. Er wirft K. auch vor, dass er sich wohl in dem Gericht täusche, und erzählt ihm eine Geschichte aus den »einleitenden Schriften zum Gesetz« (196f.). Es ist die Geschichte von einem Mann vom Lande, der zu dem Torhüter geht, der vor dem Gesetz steht. Dieser Mann bittet den Torhüter um Einlass in das Gesetz, aber der Torhüter verweigert lange diesen Zugang. Schließlich stirbt der Mann, der beim Torhüter so lange ausgeharrt hat, um in das Gesetz Eingang zu erlangen, und die letzten Worte, die ihm der Torhüter sagt, sind die: »Hier konnte niemand sonst Einlaß erhalten, denn dieser Eingang war nur für Dich bestimmt. Ich gehe jetzt und schließe ihn« (198).

Nachdem der Geistliche K. diese Geschichte erzählt hat, entrüstet sich K. über den Torhüter, von dem er meint, er habe den Mann vom Lande getäuscht, die erlösende Mitteilung gemacht, »als sie dem Manne nichts mehr helfen konnte« (198). Der Geistliche dagegen ist der Meinung, dass der Torhüter sogar »Regungen des Mitleids« (200) zeige.

Schließlich entlässt der Geistliche K. mit den Worten: »Warum sollte ich also etwas von Dir wollen. Das Gericht will nichts von Dir. Es nimmt Dich auf wenn Du kommst und es entläßt Dich wenn Du gehst« (205).

Ende

Am Vorabend seines einunddreißigsten Geburtstags, gegen neun Uhr abends, kommen zwei Herren in K.'s Wohnung, die sich zwar nicht angekündigt haben, aber trotzdem sitzt K. angekleidet in seinem Sessel, »in der Haltung wie man Gäste erwartet« (206). K.'s Arme in ihrer ganzen Länge umschlingend, führen die beiden fettleibigen Männer ihn ab. Auf dem Weg durch die dunkle Stadt meint K. einmal, Fräulein Bürstner zu begegnen. Den Herren leistet er keinen Widerstand: »Es war nichts Heldenhaftes wenn er widerstand, wenn er jetzt den Herren Schwierigkeiten bereitete, wenn er jetzt in der Abwehr noch den letzten Schein des Lebens zu genießen versuchte« (208). K. und seine Begleiter verlassen die Stadt und machen schließlich in einem Steinbruch halt. Einer der Herren nimmt K. Rock, Weste und Hemd ab, sodass K. in der kalten Nachtluft friert. Der andere Herr sucht nach einem geeigneten Platz. In der Nähe der Bruchwand setzen sie K. an einen Stein und betten seinen Kopf obenauf. Einer der beiden Männer zieht ein Fleischermesser hervor, das sich dann abwechselnd die beiden Männer einander zureichen, sodass K. den Eindruck hat, er müsse nach dem Messer greifen, um es sich selber »einzubohren« (210). Im letzten Augenblick sieht K. noch, wie ein Mensch das Fenster in einem dem Steinbruch nahe gelegenen Haus aufreißt: »Wer war es? Ein Freund? Ein guter Mensch? Einer der teilnahm? Einer der helfen wollte? War es ein einzelner? Waren es alle? War noch Hilfe? Gab es Einwände, die man vergessen hatte? Gewiß gab es solche. Die Logik ist zwar unerschütterlich, aber einem Menschen der leben will, widersteht sie nicht. Wo war der Richter den er nie gesehen hatte?« (210). Diese Gedanken schießen K. durch den Kopf, dann würgt ihn einer der Männer, während der andere ihm das Messer ins Herz stößt und zweimal dort dreht. »Mit brechenden Augen [sah] noch K. wie nahe vor seinem Gesicht die Herren Wange an Wange aneinandergelehnt die Entscheidung beobachteten. ›Wie ein Hund!‹ sagte er, es war, als sollte die Scham ihn überleben« (211).

3. Die Figuren

K. Als Prokurist eines Bankunternehmens besitzt K. Energie, Wendigkeit, Organisationsvermögen und eigentlich genügend Ehrgeiz; es fällt nur eine »Verarmung der menschlichen Grundsubstanz« (Kaiser, S. 25) an ihm auf: »Josef K. ist Junggeselle und einsam, aber er leidet nicht darunter. Sein Bedürfnis nach Kontakten befriedigt sich in der Stammtischrunde und im nüchternen, fast geschäftsmäßigen ›Verhältnis‹ zur Kellnerin Elsa. Der Vater ist tot, die Mutter taucht nur in einer unvollendeten Episode auf; eine Gefühlsbindung zu ihr besteht nicht« (ebd.). Josef K. ist demnach ein Einzelkämpfer. Er ist zu keinen menschlichen und uneigennützigen Beziehungen fähig, was man z. B. an jenen Beziehungen ablesen kann, die er zu den männlichen Figuren unterhält, besonders zum Advokaten, zum Kaufmann und zum Maler Titorelli, und die alle auf reine Nützlichkeitserwägungen und Verhaltenskalküle zurückzuführen sind. K. nutzt die anderen Menschen aus, er kalkuliert strategisch, manipuliert und kämpft allerorten um seinen Vorteil. Er ist die Zentralfigur. Seine Perspektive ist – wie S. 64 ff. dargelegt – die vorherrschende. Was er denkt und sieht, meint und wahrnimmt, muss der Leser notgedrungen nachvollziehen, wenn er dies auch mit einer gewissen kritischen Distanz tun kann, denn der Erzählstil macht zwar die K.'sche Perspektive zu der des Lesers, lässt ihm aber zugleich die Möglichkeit, K. von außen zu betrachten und sich sein Urteil über K. zu bilden. Es sind vor allem die für K. so entscheidende, charakteristische Entscheidungs-

K., der Prokurist

Entscheidungsschwäche

schwäche, seine Endlosreflexionen und immer wiederkehrenden Selbstberuhigungen, die den Leser der Gestalt gegenüber skeptisch machen und damit jene kritische Distanz ermöglichen, die den Leser ein wenig aus der K.'schen Perspektive rückt: »Entscheidungsschwäche, Endlosreflexionen und Selbstberuhigungen sind die Auswirkungen der kommunikativen Verunsicherung Josef K.'s. Er weiß nicht, ob er sich wehren soll oder auf das ›Spiel‹ der Verhaftung eingehen« (Fingerhut 1983, S. 156). In gleicher Weise widersprechen seine tatsächlichen Handlungen seinen ursprünglichen Absichten. Zwei Beispiele mögen das belegen: K. will unangezogen vor den Aufseher treten, lässt sich dann aber doch auf die Anordnung ein und beginnt, sich sorgfältig anzuziehen; er will mit seinem Freund, dem Staatsanwalt, telefonieren, unterlässt es aber, als der Aufseher am Sinn dieser doch durchaus verständlichen Reaktion zweifelt.

Außerdem versucht K. häufig, durch nachträgliche Ummotivierungen sein Verhalten zu rationalisieren bzw. zu rechtfertigen, zu dem sinnvolle Alternativen denkbar gewesen wären. Er neigt zunächst noch dazu, im Umgang mit dem Gericht auf Verhaltensformen zurückzugreifen, die er aus seinem Büro her kennt, wobei diese Adaption von Verhaltensmustern im Umgang mit dem Gericht jedoch unangebracht zu sein scheint. K.'s Strategie im Umgang mit dem Gericht besteht folglich im Wesentlichen aus Ausweichen, Verdrängen, Flucht und Rechtfertigung. K.'s grundlegender Fehler dürfte sein, dass er das Gericht, das ihn schuldig gesprochen hat, in den Kategorien eines alltäglichen Gerichtes bzw. Prozesses begreift. Was sich ihm als Erkenntnis verschließt, ist aber, dass sein »Prozeß nichts mit einem im üblichen Sinne juristischen Prozeß zu tun hat, sondern mit seinen unsichtbaren Richtern, der verheimlichten Anklageschrift und der Hinrichtung ohne eigentlichen Urteilsspruch eher das Gegenbild des ordentlichen Prozeßablaufs ist« (Kaiser, S. 25). Die Verhaftung erscheint zunächst nur »wie eine lästige, doch flüchtige Störung, die alles im Leben Josef K.'s beim Alten läßt« (Kaiser, S. 26). Der Eindruck des Bedeutungslosen und Beiläufigen wird noch unterstrichen durch die ganz offenbare Korruptheit, Verworrenheit und Ärmlichkeit der amtlichen Organe, mit denen K. in Berührung kommt. Trotz der genannten Verhaltensstrategien – Ausweichen, Verdrängen, Flucht, Rechtfertigung – kann sich jedoch K. dem Gericht letztlich nicht entziehen. Im Gegenteil: Jeder Schritt, den der Angeklagte unternimmt, führt ihn von ganz allein zum Gericht hin. Oder: Je weiter er sich aus den ›Fängen‹ des Gerichtes zu begeben versucht, desto mehr verstrickt er sich bzw. bewegt er sich unwillkürlich auf das Gericht zu:

»Das Gericht, das jagt, wartet, bis der Angeklagte, der flieht, zu ihm kommt« (Fingerhut 1983, S. 171).

»Das Gericht will nichts von Dir. Es nimmt Dich auf wenn Du kommst und es entläßt Dich wenn Du gehst« (205).

Die von K. zunächst gezeigte Gleichgültigkeit und Naivität, bezogen auf den Prozess und das Gericht, verlieren sich im Laufe der Romanhandlung. K.s Verhalten in der Nähe des Gerichts ist zunächst noch von Müdigkeit, Zerstreutheit, traumähnlichem Herumvagabundieren der Gedanken, die sich aus der Kontrolle des Willens freimachen, geprägt. Dann aber scheint ihn der Prozess, der ihm gemacht wird, von allen Seiten »mit seinen Sendboten zu umstellen, ja sie werden von der Schuld gleichsam herbeigelockt« (Kaiser, S. 27). Oder, wie es an anderer Stelle heißt:

»Unsere Behörde [...] sucht doch nicht etwa die Schuld in der Bevölkerung, sondern wird wie es im Gesetz heißt von der Schuld angezogen und muß uns Wächter ausschicken« (12). »Der Angeklagte ermöglicht den Prozeß, indem er sich zur Verfügung stellt, indem er kommt. Das unterscheidet Gericht und Prozeß von der alltäglichen Institution gleichen Namens und es ist wohl einer der größten ›Fehler‹, die K. begeht, daß er Gericht, Schuld und Prozeß mit den alltäglichen Erfahrungen verknüpft und sie seinem Handeln und Denken in Bezug auf das Gericht und seinen Prozeß zugrunde legt. So wird Josef K. das Urteil nicht gesprochen; er lebt und erlebt es in seiner Reaktion auf den Prozeß und wird sich selbst zum Verhängnis, weil er nicht recht leben, sondern nur recht behalten will« (Kaiser, S. 34).

K. fühlt sich so veranlasst, seine Umgebung daraufhin zu überprüfen, ob seine Verhaftung Spuren in ihr hinterlassen hat. Und es zeigt sich, dass viele Personen, mit denen K. in Berührung kommt, Kontakt zum Gericht haben. Sie umstellen ihn gleichsam in der Folge des Romans. K.'s anfänglicher Widerstand verwandelt sich im Laufe der Romanhandlung fast in eine Übereinstimmung, in einen Gleichklang mit seinen Henkern.

Entwicklung der K.-Figur

Sucht man nach einer Entwicklung innerhalb der K.-Handlung, so könnte man folglich – trotz des fragmentarischen Charakters – doch davon ausgehen, dass K. sich zwar anfangs gegen das Gericht sträubt, aber im Laufe der Handlung immer mehr in das Gericht einwilligt und am Ende sogar wie ein Schuldiger zum Opferaltar gebracht und mit seinem Einverständnis umgebracht wird. Beatrice Sandberg meint sogar: »Deshalb ist bei Josef K. eine eindeutige Entwicklung festzustellen, die sich von irritierter Ablehnung jeglicher Schuld über verschiedene Stadien der Verteidigung bis zum widerstandslosen Sichabführen-Lassen durch die Henker vollzieht.« Allerdings muss auch sie eingestehen, dass für den Leser trotz des subjektiven Schuldeingeständnisses Josef K.'s die Frage nach der Schuld, d. h. die Kernfrage des Romans, unbeantwortet bleibt, zumal auch der Erkenntniswert des Todes und damit die Sinngebung durch die Ambivalenz des Schlusses fragwürdig bleiben. »Das Geschehen straft die Unerschütterlichkeit der Logik Lügen« (S. 498).

Die Frauenfiguren. Es sind fünf Frauen, die eine zum Teil wichtige Rolle im Roman spielen: zunächst **Fräulein Bürstner**, dann **die Frau des Gerichtsdieners**, K.'s Freundin **Elsa, Leni**, die Pflegerin des Advokaten Huld, und schließlich Hasterers Freundin **Helene**. Allen diesen Frauen haftet etwas Dirnenhaftes, Unheimliches an; neben sie treten noch Frau Grubach, die Vermieterin, die K. in seiner Hand zu haben glaubt, da er ihr einen höheren Geldbetrag geliehen und sie – wie er meint – in Abhängigkeit zu ihm gebracht hat; dann noch (in einem der Fragment gebliebenen Kapitel) K.'s Mutter, zu der K. einmal eine Reise antritt (240–243).

Fräulein Elsa, eine Kellnerin, tritt nicht weiter in Erscheinung, von ihr heißt es lediglich, dass K. sie einmal in der Woche treffe. Sie ist K.s Geliebte, eine Position, die ihr andere Frauen streitig zu machen versuchen: so Leni, die Frau des Gerichtsdieners und Helene. Nur **Fräulein Bürstner** scheint Zurückhaltung zu üben. Erst vor kurzem zur Untermiete bei Frau Grubach eingezogen, hat sie bislang nur wenig Kontakt zu K. gehabt. Der lauert ihr aber in der Nacht nach seiner Verhaftung vor ihrem Zimmer auf, bedrängt sie, mit ihr in ihr Zimmer gehen zu dürfen, unter dem Vorwand, er

Fräulein Bürstner

wolle sich für die in den Morgenstunden durch seine Schuld in ihrem Zimmer angerichtete Unordnung entschuldigen. Offensichtlich weckt aber auch Fräulein Bürstner – wobei die Initialen für einige Interpreten Verbindungen zu Felice Bauer erkennen lassen – in K. erotische Gelüste, denn er drückt ihr fast tierhaft einen Kuss auf die Gurgel (34). K.s Interesse an Fräulein Bürstner steigert sich auch insofern, als er in dem kleinen »Schreibmaschinenfräulein« (221) jemanden kennen lernt, der sich selbst für Gerichtssachen interessiert, denn das Gericht übe eine »eigentümliche Anziehungskraft« (30) aus, so dass sie sich vorstellen kann, eines Tages »als Kanzleikraft in ein Advokatenbureau« einzutreten (ebd.)

So wird Fräulein Bürstner mit der Welt des Gerichts in Verbindung gebracht und noch später im Roman heißt es, dass ihr Verhältnis zu K. so schwankend sei wie K.s Prozess: »das Verhältnis zu Fräulein Bürstner schien entsprechend dem Proceß zu schwanken« (114).

In der **Frau des Gerichtsdieners** kommen drei Aspekte zur Geltung: »die Waschfrau als die mütterliche, arbeitsame Hausfrau; als die begehrenswerte, zugleich geheimnisvoll und zutraulich wirkende fremde Schöne und als die dirnenhafte Geliebte, die aufgrund ihrer Beherrschung durch einen dominierenden Mann zum Reizobjekt rivalisierender Gefühle und Begierden wird, als sie bei K.s Anklagerede in einer hinteren Saalecke von einem jungen Mann genötigt wird, der in sexueller Verzückung zu kreischen beginnt« (Beicken 1995, S. 168). Die Frau des Gerichtsdieners verweist ihn auch auf die Verbindung von Sex und Macht, denn sie schläft offensichtlich mit dem Untersuchungsrichter und auch bei ihrer Hingabe an den Studenten zieht sie ins Kalkül, dass dieser eines Tages mächtig sein werde.

Doppelgesichtig ist auch **Leni**: Sie pflegt einerseits den Advokaten Huld, andererseits geht von ihr eine sexuelle Ausstrahlung auf K. aus. »Jetzt gehörst du mir« (100), mit diesen Worten meldet sie ihre Ansprüche K. gegenüber an und versucht damit, Elsa auszustechen.

Alle fünf Frauen scheinen auf undurchsichtige Weise mit dem Gericht zu tun zu haben. Bei der Frau des Gerichtsdieners ist dies ganz offensichtlich, Leni ist zum einen Dienerin als auch dominante Figur. Sie pflegt den Advokaten Huld, nimmt hier die Rolle einer fürsorglichen, bemutternden Frau ein, zugleich wirkt sie aber auch auf K. wie eine ›Verdammte‹ oder ›Hexe‹ (92). Durch ihren körperlichen Fehler, dem Verbindungshäutchen zwischen Mittel- und Ringfinger, bekommt diese Frauengestalt etwas mythisch Sirenenhaftes, Verführerisches, sodass nicht weiter verblüfft, wenn sie gegenüber K. einen absoluten Machtanspruch äußert: »Jetzt gehörst du mir« (100).

K. selbst fasst einmal die Rolle der Frauen zusammen, wenn er sagt:

»Ich werbe Helferinnen, dachte er fast verwundert, zuerst Fräulein Bürstner, dann die Frau des Gerichtsdieners und endlich diese kleine Pflegerin, die ein unbegreifliches Bedürfnis nach mir zu haben scheint« (99).

Aber all diese Frauen scheinen keine eindeutigen Verhältnisse zu haben. Leni und Huld, Leni und Block stehen offensichtlich in einer intimen Beziehung zueinander. Die Frau des Gerichtsdieners hat sowohl zum Richter, der sie nachts heimsucht, als auch zu ihrem Mann ein sexuelles Verhältnis, und K. muss mit ansehen, wie sie der Student wegträgt.

Durch die Frauen, die alle auf merkwürdige Weise ihre jeweilige Beziehung zum Gericht haben, wird das Gericht zwielichtig, erotisch besetzt. Es bekommt etwas Schlüpfriges, so verwundert es nicht, dass Leni auf ihre Fischhäute zwischen den Fingern verweist. Bett und Gericht bilden eine merkwürdige Einheit.

Weitere Mittlerfiguren: Huld, Titorelli, Geistlicher. Neben die Frauenfiguren treten weitere Figuren, deren primäre Funktion es zu sein scheint, K. einen Zugang zum Gericht zu verschaffen. So gerät K. durch die Vermittlung seines Onkels an dessen Bekannten, den **Advokaten Huld**, der ihm zum Erfolg – nun auch bei seinem Prozess gegen das Gericht – verhelfen soll. Huld könnte man als sprechenden Namen lesen, meint doch Huld soviel wie wohlwollendes Herablassen, Gunst oder gar Gnade, worauf K. vielleicht gegenüber dem Gesetz angewiesen ist, aber der Namensträger, Verteidiger und Armenadvokat von nicht unbedeutendem Ruf, erweist sich dann als ein kränklicher Mensch, körperlich geschwächt, bettlägerig; und in dieser Position und von dieser so wenig seriösen, weil eigentlich ganz privaten Stelle aus, betreibt er seine Verteidigung. Aber gerade das Dekadent-Hinfällige an Huld könnte ihn als eine Gestalt ausweisen, die besonderen Zugang zum Gericht hat. Sein Name verwiese dann doch auf jene Gnade, die geschenkt werden könnte, wenn sich K. ergeben und in sein Geschick einwilligen würde, seine Unnachgiebigkeit preisgäbe, wie W. Emrich (Emrich, S. 280) betont. Trotz der guten Absicht, die der Onkel seinem Neffen erweisen will, als er ihm den Advokaten Huld empfiehlt, erreicht der Onkel eigentlich genau das Gegenteil, denn Huld, so scheint es zumindest in den Augen K.'s, hat den Prozess eher noch komplizierter werden lassen. Und angesichts des zugrunde gerichteten, sich völlig erniedrigenden Kauf-

Huld

manns Block entzieht K. schließlich Huld die Verteidigung.

Auf **Titorelli**, den Gerichtsmaler, wird K. durch den Fabrikanten hingewiesen, der K. eines Tages in seiner Bank aufsucht. Durch Titorelli weiß der Fabrikant von K.'s Prozess, wie K. wiederum in dem Gespräch mit dem Fabrikanten erfährt, d. h., Titorelli ist in die Vorgänge am Gericht eingeweiht, da der Maler seinerseits Zugang zu den Richtern hat, die er porträtiert: »Er arbeite für das Gericht« (123). Wegen der engen persönlichen Beziehung, die Titorelli offensichtlich zu den Richtern hat, kann er sie möglicherweise beeinflussen oder gar für K. und dessen Prozess positiv einnehmen. Titorelli hat zwar Kontakt zu den Richtern, ist aber als Künstler in gewisser Weise frei und könnte so wirklich zwischen K. und dem Gericht vermitteln. Aber gerade von dieser Gestalt muss sich K. darin unterweisen lassen, dass das Gericht niemals davon abzubringen ist, den Angeklagten für schuldig zu befinden, eine wirkliche Freisprechung gäbe es nur in Legenden, was K. schließlich dazu bewegt, dem Advokaten endgültig zu kündigen.

Titorelli

Schließlich ist da noch der **Gefängnisgeistliche**, der Josef K. die Parabel »Vor dem Gesetz« erzählt. Er hat offensichtlich als Gefängnisgeistlicher mit dem Gericht zu tun. Er spricht K. ganz persönlich in der Kirche an, als wenn er gerade dazu angewiesen wäre. Er macht auch durch die Mehrfachauslegung der Parabel K. klar, dass es keine eindeutige Lösung seiner Probleme und wohl keine eindeutige Antwort auf seine Fragen gebe, und er ist es, der ziemlich genau zu wissen scheint, dass es um K.s Prozess schlecht

Geistlicher

steht und es – so sagt er kurz vor dem Schlusskapitel – wohl schlecht endet. Er weiß zwar nicht genau, wie K.s Ende beschaffen sein wird, aber er fürchtet zumindest, »es wird schlecht enden«. Und er scheint zu wissen, dass das Gericht K. für schuldig befinden wird. Woher er aber sein Wissen bezieht, bleibt ganz im Ungewissen. Allerdings tritt ihm K. nicht aggressiv oder misstrauisch gegenüber. Im Gegenteil, K. bedankt sich bei ihm: »›Ich danke dir‹, sagte K. ›Alle anderen aber, die an dem Verfahren beteiligt sind haben ein Vorurteil gegen mich […]‹« (194).

4. Werkaufbau, Raum, Zeit, Erzählperspektive

Am 15. August des Jahres 1914 findet sich folgender Eintrag in Kafkas Tagebuch:

»Ich schreibe seit ein paar Tagen, möchte es sich halten. So ganz geschützt und in die Arbeit eingekrochen, wie ich es vor 2 Jahren war, bin ich heute nicht, immerhin habe ich doch einen Sinn bekommen, mein regelmäßiges, leeres, irrsinniges junggesellenmäßiges Leben hat eine Rechtfertigung« (EuD, S. 61).

Kafka begann die Arbeit am *Proceß* im August des Jahres 1914 und brach dann die Arbeit im Januar des darauf folgenden Jahres ab. Zwei für die sich quälend dahinziehende Entstehung des Werkes typische Bemerkungen sind die Notizen vom 1. September und 30. November 1914:

»In gänzlicher Hilflosigkeit kaum 2 Seiten geschrieben. Ich bin heute sehr stark zurückgewichen, trotzdem ich gut geschlafen hatte. Aber ich weiß daß ich nicht nachgeben darf, wenn ich über die untersten Leiden des schon durch meine übrige Lebensweise niedergehaltenen Schreibens in die größere auf mich vielleicht wartende Freiheit kommen will« (EuD, S. 74)

und

»Ich kann nicht mehr weiterschreiben. Ich bin an der endgiltigen Grenze, vor der ich vielleicht wieder Jahre sitzen soll, um dann vielleicht wieder eine neue, wieder unfertig bleibende Geschichte anzufangen. Diese Bestimmung verfolgt mich. Ich bin auch wieder kalt und sinnlos, nur die greisenhafte Liebe für die vollständige Ruhe ist geblieben« (EuD, S. 75).

das Manuskript

Kafka hatte für die Erstellung des Manuskriptes Schulhefte benutzt, kein für Kafka ungewöhnlicher Ort der Niederschrift, nutzte er doch Schulhefte auch schon für seine literarischen Entwürfe und Tagebucheintragungen. »Diese Hefte löste er jedoch auf und legte die einzelnen Blätter zu einer Reihe von Konvoluten zusammen, die jeweils ein Kapitel beziehungsweise den Anfang eines Kapitels enthielten. Die fertigen Kapitel versah er mit Deckblättern, die so genannten ›Fragmente‹ mit Umschlägen, auf denen er sich jeweils stichwortartig den Inhalt notierte« (Müller, Nachwort zur Textausgabe, S. 245). Zu einer Wiederaufnahme der Arbeit am Manuskript kam es jedoch nicht, obwohl der Freund Max Brod Kafka mehrfach dazu drängte. Dieser hielt jedoch das Geschriebene für einen künstlerisch misslungenen Versuch.

Nach Kafkas Tod (1924) veröffentlichte Brod schon 1925 den Fragment gebliebenen Roman, obwohl Kafka ihm auferlegt hatte, alle von ihm selbst nicht veröffentlichten Texte restlos und ungelesen zu verbrennen. Dazu sollten Tagebücher, Manuskripte, Briefe, fremde und eigene, und Gezeichnetes gehören. Brod hielt sich nicht an diese testamentarische Verfügung und überarbeitete Kafkas Manuskript, wie er ihm schon früher angedroht hatte: »Ich werde doch deinen *Proceß* auf eigene Faust zu Ende schneidern« (zit. nach: ebd., S. 245). Brod bearbeitete Kafkas Roman sprachlich-stilistisch, orthographisch und vor allem in der Interpunktion.

Kapitelabfolge

Erst 1990 wurde *Der Proceß* im Zuge einer kritischen Kafka-Ausgabe getreu dem Manuskript von Malcom Pasley herausgegeben, d. h. die Interpunktion, die Orthographie, Satzstellung usw. wurden nicht modernisiert. Den größten Eingriff bedeutete jedoch, dass Pasley in seiner Ausgabe von Brods Entscheidung abwich und das bei Brod dem Kapitel »Im leeren Sitzungssaal / Der Student / Die Kanzleien« folgende Kapitel »Die Freundin des Fräulein Bürstner« in den Anhang der unvollendeten Kapitel aufnahm. Pasley hält demnach das Kapitel »B.'s Freundin« für ein Fragment. Außerdem hat er das bei Brod als erstes Kapitel veröffentlichte Kapitel in zwei Kapitel unterteilt: zunächst »Verhaftung«, dem folgt: »Gespräch mit Frau Grubach / Dann Fräulein Bürstner«. Anzumerken ist noch, dass die hier genannten Kapitelüberschriften nicht von Kafka stammen; er hatte lediglich den Kapiteln diese Stichworte gegeben, die er aber nicht wie die Herausgeber als Kapitelüberschriften verstanden wissen wollte.

Es steht heute fest, dass Kafka die einzelnen Kapitel seines Romans nicht nacheinander schrieb, sondern dass er zu Beginn wohl das erste, dann aber auch schon das letzte Kapitel niederschrieb und erst anschließend den zeitlichen Zwischenraum von einem Jahr mit weiteren Kapiteln auffüllte. Auffällig sind die Parallelen, die sich zwischen den Kapiteln »Verhaftung« und »Ende« ziehen lassen. Fingerhut hat solche Parallelen zusammengestellt:

• Überraschender Einbruch der Behörden	• K. erwartet den Besuch
• 30. Geburtstag	• ein Jahr später
• morgens gegen 9 Uhr	• abends gegen 9 Uhr
• Wächter schwarz gekleidet	• Henker schwarz gekleidet
• zwei Wächter	• zwei Henker
• Neugierverhalten der Statisten	• K. neugierig
• K. geht zum Fenster und schaut hinaus	• Er ging zum Fenster und sah noch einmal auf die dunkle Straße

• K. erblickt alte Leute	• K. erblickt spielende Kinder
• K. ist unangezogen	• K. ist angemessen bekleidet
• K. im Verhalten zu Wächtern unernst	• Zu den Herren ist er ernst
• Scherz aus Verlegenheit	• Sein Verhalten ist Teil des Rituals zwischen Verständigten

(nach: Fingerhut, S. 172).

Die Entstehungsweise des Romans erklärt, dass es zu Schwierigkeiten kommen konnte, wenn es darum ging, die Kapitel in eine eindeutige Abfolge zu bringen, denn die Entstehung selbst erklärt, warum sich Kafka, nicht ›chronologisch‹ schreibend, unwillentlich den ein oder anderen kleinen Widerspruch in sein Manuskript einbaute. So hat man zum Beispiel die Zeitangabe »Herbst« im Kapitel »Im Dom«; das Kapitel »Advokat/Fabrikant/Maler« hingegen spricht schon vom »Wintertag«. Man sollte m. E. diese kleineren Ungereimtheiten übersehen und nicht aus ihnen eine andere Kapitelabfolge herleiten, denn die Schreibweise Kafkas erklärt hier durchaus solche Unstimmigkeiten. Zumal die Stellung der Binnenkapitel irgendwie irrelevant ist, sie sind m. E. untereinander austauschbar, da letztlich nur Weniges zu einer in sich konsequenten Handlungslogik beiträgt, denn gerade darin besteht K.'s Handeln oder Nicht-Handeln, dass es jeder zielgerichteten Logik widerspricht und eher ein unfreiwilliges Pendeln zwischen dem Nicht-Wahrnehmen und ›Sich-Fügen‹ und der Abwehr des über ihn verhängten Schuldspruches bzw. der Verurteilung ist. Es handelt sich nicht um eine linear verlaufende Geschichte, sondern Kafka erzählt einzelne Stationen auf dem Wege K.'s.

Zeit

Bereits der erste Satz des ersten Kapitels enthält eine Zeitangabe: K. wird »eines Morgens« (7) verhaftet, und im Laufe des Kapitels findet sich dann noch die präzisierende Zeitangabe »weil heute sein dreißigster Geburtstag war« (10), sodass es möglich ist, den Zeitrahmen des Romans sehr genau abzustecken, denn der erste Satz im letzten Kapitel lautet entsprechend:
»Am Vorabend seines einunddreißigsten Geburtstages – es war gegen neun Uhr abends [...]« (206). Die Handlung umfasst also genau ein Jahr; sie beginnt im Frühjahr, darauf lässt dann das zweite Kapitel schließen (»In diesem Frühjahr pflegte K. die Abende [...]«, 22) und endet folglich auch mit dieser Jahreszeit.

Die beiden ersten Kapitel sind eng aneinander gefügt, denn sie spielen an einem Tag: morgens K.'s Verhaftung, am Abend dann K.'s Rückkehr aus der Bank und das Gespräch mit Fräulein Bürstner. Bezieht man dann die Zeitangabe im ersten Satz des nächstfolgenden Kapitels (»Erste Untersuchung«) »am nächsten Sonntag« auf die vorangegangenen zwei Kapitel, so liegen nur wenige Wochentage zwischen beiden Abschnitten; und auch noch das Kapitel »Im leeren Sitzungssaal / Der Student / Die Kanzleien« lässt sich zeitlich präzise lokalisieren, denn K. begibt sich »Sonntags« (51) wieder zu dem Gericht, also ist nicht mehr als eine Woche vergangen. Unmittelbar danach schließt sich das Kapitel »Der Prügler« an, denn es beginnt mit der Zeitangabe: »Als K. an einem der nächsten Abende den Korridor passierte« (75). Danach verlieren allerdings die Zeitangaben an Präzision: So beginnt das Kapitel »Der Onkel / Leni« nur mit der Zeitbestimmung »Eines Nachmittags« (82), und »Advokat/

Fabrikant/Maler« enthält nur die Zeitangabe »An einem Wintervormittag« (102). Das nächstfolgende Kapitel stellt zwar zum vorangegangenen schon im ersten Satz den Handlungszusammenhang her: »Endlich hatte sich K. doch entschlossen, dem Advokaten seine Vertretung zu entziehn« (152), aber der Zeitenabstand zwischen den beiden Kapiteln lässt sich nicht genauer fassen. Vollends unmöglich, eine zeitliche Eingrenzung anzugeben, ist es beim Kapitel »Im Dom«.

Zeitdruck

Das Merkwürdige ist: Zeit wird immer wieder thematisiert; aber K. sieht sich nicht etwa unter Zeitdruck; seine Verhaftung steht am Anfang, am Ende steht seine Tötung, nach genau einem Jahr, niemals aber hat er von dieser Frist erfahren, die ihm offensichtlich gesetzt worden war. Vom Ende her sieht es so aus, als habe er immer gegen die ihm gesetzte Zeit gearbeitet, ohne dass er wusste, dass sie ihm gesetzt war. Ob er nun seinen Prozess hinauszögern oder ob er ihn beschleunigen wollte, es war – so stellt sich vom Ende her heraus – immer ein Kampf gegen die ihm gesetzte Zeit.

Raum

Räume der Enge

Räume nehmen einen äußerst merkwürdigen Charakter im Roman ein. Alltäglich wirkt noch K.s Zimmer, in dem er bei Frau Grubach zur Miete wohnt, aber schon die Wohnung der Frau Grubach mit den vielen Räumen nimmt etwas Bedrohliches an. Hier leben zwar die Einzelpersonen einsam auf ihren Zimmern, aber zugleich fühlen sie sich gegenseitig beobachtet und belauscht. Innerhalb der

Wohnung kommt dieses Gefühl der Enge auf, aber auch von außen fühlt man sich beobachtet. So stören K. bei seiner Verhaftung jene Menschen, die ihn aus einem seinem Zimmer gegenüberliegenden Fenster beobachten können, wie er später auch bei seiner Hinrichtung aus dem Fenster eines in der Nähe des Steinbruchs gelegenen Hauses beobachtet wird.

In den Zimmern herrscht Ordnung, so legt K. größten Wert darauf, sich Fräulein Bürstner gegenüber zu entschuldigen, dass die Wächter in deren Zimmer Unordnung gestiftet haben. Es hat den Anschein, als sei die bewahrte und behütete Ordnung der Versuch, dem inneren Chaos etwas scheinbar Geordnetes entgegenzusetzen.

Öffentliche Räume kommen so gut wie gar nicht im Roman vor. K. durchquert wohl einmal die Stadt, um zum Gerichtsgebäude zu kommen, oder er steigt in eine Kutsche, um wieder in seine Wohnung zu gelangen, eine Schilderung des öffentlichen Raumes bleibt jedoch stets ausgespart. »Immer mehr ursprünglich neutrale Räume erweisen sich im Laufe der Romanhandlung als ›Spielräume‹ der Behörde, die sie jederzeit in ihre Amtshandlungen einbeziehen kann« (Kaiser, S. 27): das Zimmer K.'s, Fräulein Bürstners Zimmer, das Atelier des Malers, der Amtsraum des Advokaten.

Das Bankgebäude als öffentlicher Bau weicht in seinem Aussehen zunächst nicht von dem Erwarteten und Gewöhnlichen ab, umso mehr verblüfft, dass in diesem Gebäude sich ein Raum befindet, in dem der Prügler die beiden Wächter bestraft. K. passiert einen Korridor, der von seinem Büroraum zu der Haupttreppe führt, es ist also ein ihm bekannter, von ihm häufig beschrittener Weg, und dennoch entdeckt er hinter einer Tür, aufmerksam gemacht durch ausgestoßene Seufzer, nicht die dort immer vermutete Rumpelkammer, sondern einen Raum, in dem der Prügler die beiden Wächter bestraft. Die Rumpelkammer entpuppt sich so als Folterkammer. K.'s Vermutung, es handle sich bei dem Raum um eine Rumpelkammer trifft zwar insofern zu, als hier alte, unbrauchbar gewordene Drucksorten, umgeworfene leere Tintenflaschen hinter der Schwelle liegen, aber dass in unmittelbarer Nähe zu K.'s Arbeitsplatz Menschen gequält werden, ohne dass K. davon wusste oder es auch nur geahnt hätte, macht den Raum unheimlich. Für die Raumdarstellung typisch ist seine geringe Höhe, sodass sich die Männer darin bücken müssen.

Niedrig sind auch die Gerichtsräume, die Galerie im Gerichtssaal, niedrig ist schließlich die Kanzel im Dom. In all diesen Orten schreibt die fehlende Höhe des Raumes den Menschen, die sich in dem Raum aufhalten, eine erniedrigende Haltung in des Wortes doppelter Bedeutung vor. Die Personen müssen sich bücken, klein machen, eine Körperhaltung, die auch K. im Verlaufe des Romans immer häufiger einnimmt.

Aber die Rumpelkammer ist nicht nur niedrig. Charakteristisch ist ebenfalls, dass auch dieser Raum in ein Zwielicht getaucht ist, denn lediglich eine Kerze erhellt ihn. Dunkle Räume herrschen vor, der Dom ist dunkel, auch dort wirft eine Kerze minimales Licht in den Raum; dunkel ist es beim Advokaten, beim Maler usw.

Auffällig ist bei der Raumdarstellung auch, was schon an der Rumpelkammer zu beobachten war, dass man mit nur wenigen Schritten aus einem bekannten Raum in eine völlig unbekannte Welt eintritt: Wenn K. sich bei der Untersuchungskommission einfinden soll und sich unter dem Vorwand, er suche einen Tischler Lanz, Einblicke in die

Räumlichkeiten des Arbeiterviertels in der Vorstadt zu verschaffen sucht, klopft er schließlich im fünften Stock eines Hauses an eine Tür. Eine Frau in einem kleinen Zimmer, die gerade in einem Kübel Kinderwäsche wäscht, antwortet auf K.'s immer wieder gestellte Frage nach dem Tischler Lanz mit einem »Ja« und verweist K. auf die offene Tür des Nebenzimmers. Sobald K. diese Tür durchschritten hat, gelangt er in den sich anschließenden Gerichtssaal: »K. glaubte in eine Versammlung einzutreten. Ein Gedränge der verschiedensten Leute – niemand kümmerte sich um den Eintretenden – füllte ein mittelgroßes zweifenstriges Zimmer« (40).

Auch hier wieder typisch: die Ansammlung von Menschen, das Gedränge, in dem aber jeder allein zu sein scheint. So ist es auch auf den Gerichtsgängen, wo sich die Angeklagten drängen und vor Türen warten.

Alle Räume sind schmutzig, dunkel, unübersichtlich, fensterlos, staubig und stickig, finden sich – vor allem, was das Gericht betrifft – in Vorstädten. So ist es bezeichnend, dass es K. bei seinem ersten Besuch der Gerichtskammern auf dem Dachboden ›schlecht‹ wird und er unter Luftnot leidet.

Übergänge

Wenn man also die gewohnten Räume verlässt – im wörtlichen Sinne ›transzendiert‹ (lat. *trans* = über, *scendere* = schreiten), gelangt man in eine ganz anders geartete Welt, ohne dies zu wollen und ohne dass es den Figuren verstörend bewusst wird. Es scheint häufiger so, dass man nur eine Tür durchschreiten muss. Genauso plötzlich und unvermittelt gelingt aber auch der Schritt aus diesen Räumen oder aus dieser Welt zurück in die gewohnte oder ›gewöhnliche‹ Umgebung und in die ›Alltags‹welt.

Hervorzuheben bleibt noch eine Eigentümlichkeit der Raumgestaltung. Das Bett als eigentlich intimster Ort verschränkt im *Proceß* Öffentliches und Privates. K. wird im Bett von seiner Verhaftung überrascht; beim ersten Gang ins Untersuchungsgericht, das in einem Wohnhaus untergebracht ist, beobachtet K. Betten, die noch alle Zeichen der Benutzung tragen. Der Advokat empfängt wie selbstverständlich seine Klienten im Bett, der Maler Titorelli bittet K. über sein Bett zu steigen, um so zu den Kanzleien zu gelangen.

Erzählperspektive

Geht man von drei gegebenen Erzählperspektiven aus – der Ich-Perspektive, der personalen und der auktorialen –, so wurde für den *Proceß* von Kafka als dominierende die personale oder figurengebundene Perspektive gewählt. D. h., alles, was erzählt wird, wird aus der Perspektive einer Figur erzählt: hier der Perspektive Josef K's., wobei dies Erzählen nicht im Rückblick, sondern im Fortschreiten der Handlung geschieht. Nehmen wir als Beispiel die ersten Sätze des Romans:

»Jemand mußte Josef K. verleumdet haben, denn ohne daß er etwas Böses getan hätte, wurde er eines Morgens verhaftet. Die Köchin der Frau Grubach, seiner Zimmervermieterin, die ihm jeden Tag gegen acht Uhr früh das Frühstück brachte, kam diesmal nicht. Das war noch niemals geschehn. K. wartete noch ein Weilchen, sah von seinem Kopfkissen aus die alte Frau die ihm gegenüber wohnte und die ihn mit einer an ihr ganz ungewöhnlichen Neugierde beobachtete, dann aber, gleichzeitig befremdet und hungrig, läutete er« (7).

Der erste Satz

Der erste Satz wirkt wie eine Summe schon des Vorgangs, der das erste Kapitel bestimmt, denn Handlungskern des ersten Kapitels ist die »Verhaftung«, von der aber K. im ersten Augenblick noch nichts wissen kann, da ihm ja erst im Laufe des morgendlichen Geschehens deutlich gesagt wird, dass er ›verhaftet‹ sei, und erst am Schluss des Kapitels bescheidet man ihm, dass diese Form der Verhaftung, die ihn beträfe, nicht bedeute, dass er sich nicht mehr frei bewegen könne, sondern im Gegenteil ›Verhaftung‹ bedeutet hier, dass K. gar nicht aus den üblichen Alltagsritualen herausgenommen und etwa in Untersuchungshaft genommen wird. So klingt der erste Satz, als würde er aus dem Munde eines Erzählers stammen, der eine Außenperspektive einnimmt, aber bereits die Formulierung ›mußte‹, der Gebrauch des Konjunktivs ›etwas Böses getan hätte‹, deuten doch darauf hin, dass das Geschehen hier aus der Perspektive K.'s wiedergegeben ist, denn ein auktorialer Erzähler hätte von Anfang an den Grund angeben können, warum K. verhaftet wird; er hätte klar urteilen können, ob K. etwa Böses getan hat oder ob sich K. hierin täuscht usw. Es sind aber genau diese Unsicherheiten, warum K. verhaftet wird und ob er böse oder nicht böse war, die sich K.'s Wissen entziehen und auch im Laufe des Romans zu keiner klaren Antwort gebracht werden und die gerade den Fortgang des Romans ausmachen, denn die Unwissenheit K.'s zu Anfang klärt sich nicht zur Gewissheit im Laufe der Geschehnisse, d. h. der einzelnen Begegnungen und Episoden auf, im Gegenteil: Bis zum Ende hin bleibt alles im Rätselhaften, Unaufgeklärten, und das ist das eigentlich Spannungserzeugende; also: Entscheidend für den Roman ist die gewählte perspektivische Erzählweise, die an K. gebundene, figurenkonzentrierte Art des Erzählens, die dominiert. D. h., es werden keine kommentierenden, wertenden, erläuternden Erzählerpassagen eingebaut, in denen erzählerisch K.'s Verhalten z. B. psychologisch analysiert, gedeutet oder erklärt würde. Das muss der Leser bei der Lektüre schon mit sich selbst ausmachen und sich in dieser Interpretationsarbeit, wie es ihm der hermeneutische Zirkel gebietet, immer wieder korrigieren, sein Deutungsspektrum auf die Gestalt erweitern, differenzieren usw. und sein Urteil korrigieren.

»Weil die Eindeutigkeitsherstellung durch den Kontext ausbleibt, muß der Leser prinzipiell die gleichen Überlegungen anstellen wie die Perspektivfigur K., es bleibt beiden völlig unklar, wie sie es mit der ›Verhaftungs‹-Erfahrung halten sollen« (Fingerhut 1983, S. 153).

Verlust des auktorialen Erzählers

Das Unheimliche des Romans stellt sich dadurch ein, dass den Leser kein auktorialer Erzähler führt, ihm Sicherheit bei der Beurteilung der Personen gibt, indem er deren Verhalten kommentiert und bewertet. Dem Leser wird nicht gesagt, ob K. wirklich verhaftet wird, worin seine Schuld besteht, welchen Charakter das Gericht hat, wie es sich von den normalen Gerichten unterscheidet, wie seine Vertreter zu bewerten sind. K. ist gleichsam eine Hohlform, »ein Perspektiv, durch das hindurch der Leser immer sehr eng begrenzte, fast stur auf das gerade Vorliegende konzentrierte Blicke werfen kann« (Allemann, S. 239).

Es ist eine von einer Interpretation nicht einzulösende Forderung, mit Bestimmtheit zu sagen, was das Gericht denn nun ›in Wirklichkeit‹ sei. »Die spezifische Unfaßlichkeit des Gerichts und der mit ihm verbundenen begrifflichen Komplexe wie Schuld, Anklage, Verhaftung,

Prozeß, Urteil und Strafe ist kein künstlerischer Mangel, dem durch Ausdeutung abgeholfen werden müßte, sondern ein Wesenszug der Prozeßwelt« (Allemann, S. 236). Man kann sagen: Wie der erste Satz, verharrt der gesamte Roman in der Hypothese. ›Eindeutigkeit‹ erreicht der Leser allenfalls, wenn er selbst aus der Uneindeutigkeit durch seine Lesart Eindeutigkeiten herstellt, indem er sich metaphysischer, theologischer, psychoanalytischer oder sozialkritischer Annahmen bedient und sie in den erzählerischen Vorgang interpoliert.

Hypothetisches Erzählen

5. Wort- und Sacherläuterungen

Wort- und Sacherläuterungen im beim *Proceß* notwendigen und gebotenen Umfang können an dieser Stelle nicht gegeben werden. Es sei stattdessen auf das ausführliche Kapitel »Kommentar, Wort- und Sacherklärungen« in dem Band *Erläuterungen und Dokumente, Franz Kafka, »Der Proceß«* von Michael Müller (s. 9. Lektüretipps), S. 5–55 verwiesen.

6. Interpretation

Die Interpretation enthält sich so weit wie möglich der Versuche einer allegorisch-begrifflichen Auslegung, sie will den Text nicht unter von außen an den Text herangetragene Begriffe bringen. Eine solche allegorisierende Interpretation wäre etwa, wenn man den Prozess als Verfahren einer göttlichen Instanz gegen den sündigen Menschen, als Prozess des Bewusstseins gegen das Sein oder als ›Krankheits‹prozess auffasste.

Biographisches

Man hat immer wieder versucht, den *Proceß* entweder unmittelbar mit Kafkas Biographie oder mit Ereignissen der Entstehungszeit zu verknüpfen. In der Biographie musste das Verhältnis Kafkas zu Felice Bauer herhalten, war doch unmittelbar dem Beginn der Niederschrift des Romans Kafkas Entlobung vorausgegangen. »Kafka, der sich dabei ›teuflisch in aller Unschuld‹ vorkam, bezeichnete dies Ereignis als ›Gerichtshof‹ (T 397) und sah sich dabei nicht nur als Angeklagten, sondern zugleich auch als Richter, der anstelle von Grete Bloch – der [im Hotel ›Askanischer Hof‹ in Berlin, wo das Gespräch und die anschließende Entlobung stattfanden] anwesenden Freundin Felices – über ihn zu Gericht saß. Im Roman erinnert die Gestalt des Fräulein Bürstner an Felice Bauer und die Freundin, Fräulein Montag, an Grete Bloch« (Schlingmann, S. 39).

Einen weiteren Anlass für die Konzeption des Romans bzw. eine weitere Anregung sieht die Forschung in dem »Aufsehen erregenden Prozeß gegen den Prager Abgeordneten Dr. Karel Sviha vom Mai 1914. Diesem gelang es nicht, die gegen ihn erhobenen Vorwürfe der Bestechlichkeit und Konspiration zu entkräften, und so führte das zweifelhafte Urteil zur Vernichtung seiner bürgerlichen und politischen Existenz« (Schlingmann, S. 41).

Die Schuldfrage

Diese Frage nach der ›Schuld‹ stellt sich unwillkürlich ein, wenn K. am Anfang des Romans ›verhaftet‹ wird, denn im landläufigen Sinn kann nur verhaftet werden, wer Schuld auf sich geladen hat, und schuldig ist, wer gegen geltende Normen verstoßen hat. Er wird vor Gericht gestellt, dort muss ihm seine Schuld nachgewiesen werden, er wird angeklagt, kann sich verteidigen. Ist die Schuld nachweisbar, wird er verurteilt und bestraft. Soweit das alltägliche Verständnis von Verhaftung, Gericht, Schuld und Strafe. Diese Vorstellungen von Gericht, Schuld usw. allerdings unterläuft die ›Realität‹ des Romans permanent, sodass der Leser bei der Lektüre des Romans – und Kafka kalkuliert genau mit dieser Form der Rezeption – fast automatisch folgende Fragen stellt: Was ist das für ein Gericht? Welche Schuld sollte K. auf sich geladen haben? Verhält er sich gegenüber dem Gericht richtig? Wie verträgt sich seine Tötung am Ende des Romans mit seiner nie klar benannten, von ihm so akzeptierten Schuld? Andere Fragen – wie sie probeweise Robertson formuliert hat – wären ergänzend denkbar: »Verkörpert [die Instanz des Gerichts] eine letztlich religiöse Autorität? Sollen wir K.'s ›Schuld‹ ernst nehmen? Wenn ja, ist diese Schuld auf eine bestimmte Handlung oder Unterlassung K.'s zurückzuführen, oder nach Art der Erbsünde auf eine nicht weiter erklärbare Weise in

seinem Wesen verwurzelt? Oder stellt das Gericht [...] vielmehr die Macht als solche dar, die aus unerklärlicher Bosheit mit Josef K. Katz und Maus spielt und dabei die Mechanismen der Machtausübung und Schuldzuweisung veranschaulicht?« (Robertson 1994, S. 104).
Zunächst misst K. seine Verhaftung, seine ›vermeintliche‹ Schuld und seine ›Verurteilung‹ an den Maßstäben des beruflichen oder lebensweltlichen Alltags. Den Prozess betrachtet er wie ein Geschäft:

»Es gab keine Schuld. Der Proceß war nichts anderes, als ein großes Geschäft, wie er es schon oft mit Vorteil für die Bank abgeschlossen hatte ...« (114).

Aus dieser Position heraus bäumt er sich gegenüber dem Gericht auf:

»Alles müßte organisiert und überwacht werden, das Gericht sollte einmal auf einen Angeklagten stoßen, der sein Recht zu wahren verstand« (115).

So weist er kategorisch jede Form von Schuld von sich:

»Ich bin aber nicht schuldig. [...] es ist ein Irrtum. Wie kann denn ein Mensch überhaupt schuldig sein. Wir sind hier doch alle Menschen, einer wie der andere« (194).

Schuld als Existential

Für K. ist ›schuldig sein‹ die Ausnahme bei den Menschen, es könnte sich jedoch auch genau umgekehrt verhalten, dass nämlich das ›Normale‹ ist, dass der Mensch als Mensch, jeder Mensch also, schuldig ist. ›Schuld‹ könnte demnach nicht ›erwiesen‹ werden, denn sie ist überall da. Der Begriff ›Schuld‹ wäre zu einer Existenzaussage, zu einem Existential geworden und schließlich gleichbedeutend mit dem Begriff ›Mensch‹. (Wer in christlicher Terminologie sich noch zuhause weiß, könnte auch an die Erbsünde denken.)

Der Begriff ›Schuld‹ wird also im Roman in unterschiedlicher Bedeutung verwandt. »Schuld hat im Alltagsgebrauch den Gegenbegriff ›Unschuld‹ neben sich. Obwohl in der Sphäre des Gerichts diese Polarität ja gerade in Frage gestellt worden war – Unschuldige gibt es nach Titorellis Ausführungen nicht –, benutzt der Geistliche den Begriff in diesem Sinn« (Fingerhut 1983, 164).

Was könnte Kafka mit Schuld im *Proceß* gemeint haben? Ein Blick in andere Texte Kafkas belehrt, wie Allemann meint, dass in Kafkas Werk nur eine einzige Frage gestellt werde, eben die mit der Schuldfrage eng verknüpfte Existenzfrage, die sich thematisch im Problem der Rechtfertigung des Daseins niederschlägt. Einen gewissen Hinweis auf eine solche Deutungsmöglichkeit gibt Kafkas Interpretation des biblischen ›Sündenfalls‹. In seinen ›Aphorismen‹ heißt es:

»Niemand kann sich mit der Erkenntnis allein begnügen, sondern muß sich bestreben, ihr gemäß zu handeln. Dazu aber ist ihm die Kraft nicht mitgegeben, er muß daher sich zerstören, selbst auf die Gefahr hin, sogar dadurch die notwendige Kraft nicht zu erhalten, aber es bleibt ihm nichts anderes übrig, als dieser letzte Versuch« (Allemann, S. 287). Das Leben birgt also in sich eine Paradoxie. Kaiser folgert daraus:

Grundparadoxie menschlichen Daseins

»Die Situation des Prozesses offenbart eine Grundparadoxie des menschlichen Daseins: dass das Leben nämlich nicht gleichzeitig gelebt und gerechtfertigt werden kann und die Aufgabe einer totalen Selbstrechtfertigung mithin unlösbar ist; denn einmal kommt auch im Prozeß der Selbstrechtfertigung ständig neuer, noch nicht berücksichtigter Lebensstoff hinzu, und zum anderen ist das Individuum, wenn man es genau nimmt, ja in jedem Moment seines Daseins in ganz unübersehbare Bezüge verstrickt, die sich dem Bewußtsein in ihrer Verzweigung gar nicht mehr erschließen lassen« (Kaiser, S. 38). In die hier angedeutete Interpretationsrichtung verweist auch Kafkas Ausspruch, dass »ein erstes Zeichen beginnender Erkenntnis der Wunsch zu sterben sei« (Allemann, S. 287). Hinzu kommt, dass Scham, die K. empfindet, aus dem Bewusstsein resultiert, seine Pflicht nicht getan zu haben.

In einem der Oktavhefte formuliert K. einmal, was auch zu einer Interpretation herangezogen werden könnte: »Allerdings muß jeder Mensch sein Leben rechtfertigen können (oder seinen Tod, was dasselbe ist), dieser Aufgabe kann er nicht ausweichen.« Für K. könnte man daraus folgern, dass sein Dasein in eine falsche Richtung läuft, indem er flieht, was eigentlich zu seiner Lebensaufgabe gehörte: »Diese falsche Richtung führt das Dasein von der eigentlichen Aufgabe weg, die darin besteht, jenen Grund zu erreichen, aus dem es immer schon gerechtfertigt ist, unabhängig von den nachträglichen Rechtfertigungen, die es erfindet, ja im Widerspruch zu ihnen« (Allemann, S. 258).

»Es hat den Anschein, als unterbaue K. seine Existenz mit nachträglichen Rechtfertigungen, das ist aber nur psychologische Spiegelschrift, tatsächlich errichtet er sein Leben auf seinen Rechtfertigungen« (Allemann, S. 256).

Konzentriert man sich auf die Frage der Schuld und der Rechtfertigung, wie es in den vorangegangenen Abschnitten weitgehend der Fall war, so legt man eine Lesart an den Kafkaschen Roman, die ihn im Wesentlichen auf existentielle, metaphysisch-theologische Aussagen hin befragt, als ginge es Kafka in seinem Schreiben darum, Bilder für die menschliche Existenz bzw. für ein Da-Sein im verborgenen Angesicht einer höheren, transzendenten Macht zu finden. Man wird sich als Interpret jedoch darüber im Klaren sein müssen, dass man mit dem Aspekt Schuld/Rechtfertigung nur einen unter vielen Gesichtspunkten zum Leitfaden der Interpretation macht. Man kann als Leser dem Roman jedoch noch ganz anders geartete Lesarten abgewinnen, wenn man ihn z. B. primär als eine Großmetapher für die moderne verwaltete Welt und das sich in diesem Labyrinth nicht mehr zurechtfindende Subjekt versteht. Die Welt des Gerichts stünde dann nur pars pro toto für einen bürokratischen Apparat, in dem das Subjekt sich nicht mehr orientieren kann, von dem es sich missverstanden und zum reinen Objekt degradiert fühlen muss. Kafka würde demnach die moderne Welt als eine Welt der Entfremdung beschreiben, eine Entfremdung sowohl von den Mitmenschen als auch eine Selbstentfremdung. K. lebt und stirbt einsam. Alle seine Versuche, mit anderen zu kommunizieren, schlagen fehl; im Laufe dieses einen Jahres wird er sich selbst immer fremder. Er verliert seine Identität, vorausgesetzt, er hat sie jemals besessen. Diese Lesart, die den *Proceß* vornehmlich als die Beschreibung eines gesellschaftlichen Zustandes begreift, kann ihn auch als Kafkas hellsichtige, ja prophetische Beschreibung des Totalitarismus verstehen, eines ›gesellschaftlichen Zustandes‹, wie er für einige Staaten im 20. Jahrhundert prägend geworden ist. Diese Lesart liegt z. B. der Verfilmung des Ro-

Andere Lesarten

Moderne entfremdete Welt

mans durch Orson Welles zugrunde, die K.s Tötung zum Schluss in das Wachsen eines Atompilzes überführt. »An die Stelle der zeitlichen Unbestimmtheit [des Kafkaschen Romans] ist zur Zeit des Welles-Filmes eine immer noch schockartig gegenwärtige Bestimmtheit getreten. Bei Welles weist die Umgestaltung der Hinrichtungsszene auf den Unterschied zwischen den drohenden Archaisierungspotentialen des modernen Staates zu Beginn des Ersten und der furchtbaren Gewissheit nach dem Ende des Zweiten Weltkrieges hin. Während der Roman noch darauf abstellt, die humane bzw. zivilisatorische Schwelle zum Mord als Illusion zu erweisen, verdeutlicht der Film, dass diese Problematik durch die technische Anonymisierung des Mordes schon überholt ist. Die beiden Schergen töten K. erst, nachdem sie ihn allein gelassen haben, durch den Abwurf einer Sprengstoffladung. Der Atompilz, zu dem sich der aufsteigende Rauch in einem sarkastischen Schlussakkord formt, verweist zudem auf die exterministische Dimension dieses anonymisierten Tötens« (Wagner, S. 151).

Verfilmung durch Orson Welles

Vor dem Gesetz

Man hat häufiger darauf aufmerksam gemacht, dass die in den Roman eingelagerte Erzählung »Vor dem Gesetz« als Schlüssel für den gesamten Roman genutzt werden könne. Manche Interpreten gehen sogar so weit, dass es sich bei der ›Erzählung‹, ›Parabel‹ oder – wie Kafka selbst sagt – ›Legende‹ um einen Schlüsseltext für das gesamte Kafka'sche Werk handle.

Kafka selbst schätzte den Text, nur so erklärt sich, dass er ihn, losgelöst aus dem Romanganzen, also völlig kontextlos, in der Prager *Unabhängigen jüdischen Wochenschrift Selbstwehr* (Heft 12, 7. September 1915) veröffentlichte und ihn später in seine 1919 erschienene Sammlung *Ein Landarzt* aufnahm. Diese Publikationsgeschichte des Textes zeigt, dass Kafka selbst wohl der Meinung war, die Erzählung bilde ein in sich konsistentes Sinngefüge aus und der Leser könne, um die Geschichte zu verstehen, durchaus auf den Rahmen, den der Roman bildet, verzichten.

Betrachtet man zunächst die Einbettung in den Roman, so findet sich folgender Kontext. Im neunten Kapitel hält sich K. im Dom auf. Dort hat er sich mit einem italienischen Geschäftsfreund der Bank verabredet, dem er den Dom und andere Kunstdenkmäler der Stadt zeigen soll. Der Geschäftsfreund bleibt aus, K. will den dunklen Dom verlassen und wird von einem auf einer Nebenkanzel stehenden Geistlichen zurückgerufen. Der Geistliche stellt sich K. als Gefängniskaplan vor. Er kennt, ohne zu sagen woher, K. beim Namen und weiß um dessen Anklage. K. ist sogar der, den er sucht (vgl. 194). Der Geistliche weiß überdies, dass es um K.s Prozess schlecht steht und man K.'s Schuld wenigstens vorläufig für erwiesen hält. Er weiß zwar auch nicht, wie der Prozess letztlich enden wird, aber er fürchtet einen schlechten Ausgang. Der Geistliche hält K. außerdem vor, zuviel fremde Hilfe zu suchen (vor allem bei den Frauen), und er schreit schließlich von seiner Kanzel zu K. hinunter: »›Siehst Du denn nicht zwei Schritte weit?‹ Es war im Zorn geschrien, aber gleichzeitig wie von einem, der jemanden fallen sieht und weil er selbst erschrocken ist, unvorsichtig, ohne Willen schreit« (195). Als der Geistliche danach von seiner Kanzel herabschreitet und beim Herunterkommen K. sogar die Hand entgegenstreckt, findet ihn K.

ausnehmend freundlich und bezeichnet ihn als eine Ausnahme innerhalb des Gerichtspersonals. K. bekennt dem Geistlichen das zu ihm gefasste Vertrauen, K. meint sogar, mit ihm könne er »offen reden« (196). Da warnt ihn der Geistliche: »Täusche dich nicht.« Auf K.'s Frage hin, worin er sich denn täusche, meint der Kaplan: »In dem Gericht täuschst du dich. […] in den einleitenden Schriften zum Gesetz heißt es von dieser Täuschung« (196f.) … Und dann folgt die Geschichte, die wir unter dem Titel *Vor dem Gesetz* kennen. Sofort, nachdem der Geistliche sie zu Ende erzählt hat, ist K.s erster Kommentar: »Der Türhüter hat also den Mann getäuscht« (198). Demnach wäre Täuschung die zentrale Aussage der Parabel. Man kann sich über das Gesetz täuschen und man kann getäuscht werden. Aber Vorsicht bei einer solchen Auslegung ist geboten, denn sofort widerspricht der Geistliche K., indem er ihn verweist: »Sei nicht übereilt […] übernimm nicht die fremde Meinung ungeprüft. Ich habe Dir die Geschichte im Wortlaut der Schrift erzählt. Von Täuschung steht darin nichts« (198).

Täuschung, getäuscht werden, Selbsttäuschung und wohl auch Enttäuschung verbinden sich mit der Geschichte. Sie darf nicht allzu übereilt gelesen werden, sondern verlangt genaues Hinsehen, um nicht getäuscht zu werden.

Schon der erste Satz versteht sich nicht von selbst: »Vor dem Gesetz« kann eigentlich kein Torhüter stehen. Vor einem Gebäude, auch einem Gerichtsgebäude, kann wohl ein Torhüter als Bewacher des Eingangs postiert sein, aber nicht vor dem Gesetz. Eine solche Formulierung verbietet die Sprache, genauso wie auch der »Eintritt in das Gesetz«, im zweiten Satz nicht nachvollziehbar ist. Was ist das also für ein Gesetz? Hilfreich, wenn man sich auch vor einer solchen Festlegung an dieser frühen Stelle in Acht nehmen sollte, ist es, sich zu vergegenwärtigen, dass die Lehre, das Gesetz oder die Weisung im Hebräischen ›Thora‹ (Tora) heißt und damit im Judentum die Bezeichnung für den Pentateuch, im engeren Sinne nur die Bezeichnung für das Deuteronomium (5. Mose) ist. Die Thora als das Gesetz Gottes ist das Kernstück jüdischen Glaubens, die Heilsgabe an sein Volk Israel und somit auch die Grundlage für das ethische Verhalten der Juden. Die Thora selbst wird im Thoraschrein aufbewahrt, bildet also damit einen Raum, in den man auch eintreten könnte. Der Eintritt ins Gesetz wäre damit der Zielpunkt einer Bewegung auf das Gesetz zu. So könnte man den ersten Satz verstehen. Der Eingang in die Thora wird bewacht, in das Gesetz einzutreten, bedeutet gleichzeitig, über die Schwelle zu treten und auch in einer Gemeinschaft, in einem Umschließenden aufgehoben zu werden. Ohne den ersten Satz unbedingt nur auf jüdische Implikationen hin auszulegen, kann man sagen: Ein Mann vom Lande macht sich auf die (Lebens-)Reise, er sucht ein Ziel, dies muss er finden und zu ihm vordringen. Dabei gibt es Barrieren, wie übrigens auch in der Kabbala, der jüdischen mystischen Lehre, die Vorstellung herrschte, dass man in das Innere des Gesetzes nur von Stufe zu Stufe gelangen könne, von Saal zu Saal, das Leben ist ein lebenslanger Aufstieg durch die himmlischen Thorahallen.

Thora

Der Mann vom Lande

Die Bezeichnung »ein Mann vom Lande« lässt darauf schließen, dass der Mann von weit her kommt, um Eintritt in das Gesetz zu erlangen. Der Gegensatz Land und Stadt klingt an. Man assoziiert ›vom Lande kommen‹ mit der ›Unschuld vom Lande‹ usw. Im Hebräischen, so hat die Forschung ermittelt, gibt es die Bezeichnung ›Am-ha'arez‹, in der jiddischen Fassung ›Amhorez‹, Begriffe, die Kafka bekannt gewesen sein dürften. Sie meinen eben den ›Mann vom Lande‹: es steht im Hebräischen für den Tölpel (der ›Dörfler‹, *dorpheit* mhd. für: Dummheit). In biblischer Zeit schließlich bezeichneten die Bewohner der Bergstadt Jerusalem, die in unmittelbarer Nähe des Tempels lebten, die Fischer, Hirten und Handwerker vom flachen Land als ›Am-ha'arez‹. In der jiddischen Anekdotenliteratur ist der Amhorez ein naiver Einfaltspinsel, ein Unwissender in der Lehre und im Leben, K. vergleichbar: »Er ist arrogant und unterwürfig, linkisch und unsicher, vorwitzig und inkonsequent, er fragt falsche Fragen und gibt rasche Antworten« (Politzer, S. 279).

Der Mann bittet den Türhüter um Eintritt in das Gesetz, der Türhüter selbst scheint befugt zu sein, den erbetenen Eintritt zu gewähren oder zu verweigern, denn er sagt dem Mann vom Lande, dass er ihm ›jetzt‹ nicht den Eintritt gewähren könne. Der Mann denkt zwar über die Aussage des Türhüters nach, aber er fragt ihn nicht, was er mit der Zeitangabe ›jetzt‹ meine, er fragt auch nicht danach, ob der Türhüter berechtigt sei, den Eintritt zu verwehren, sondern lediglich, ob er denn später eintreten dürfe, was der Türhüter als Möglichkeit in Aussicht stellt, ohne sich weiter festzulegen. Der Mann vom Lande gibt sich damit zufrieden. Er unternimmt auch nicht den Versuch, ins Gesetz einzutreten, obwohl – wie es heißt – das Tor wie immer offen steht, er begnügt sich damit, als der Torhüter beiseite tritt, in das Innere zu sehen. Der Torhüter lacht daraufhin, offensichtlich ein Auslachen des Mannes vom Lande, und schlägt ihm vor, er möge, wenn ihn der Eintritt so locke, es doch versuchen, auch wenn er es ihm verboten habe. Er wertet damit seine erste Aussage nun selbst als Verbot, dem Mann bedeutet er überdies, dass er mächtig sei, aber noch viel mächtigere Torhüter an den nächstfolgenden Toren stünden, womit er seine Bedeutung hervorkehrt, zugleich aber auch untergräbt, indem er sich als den geringsten von vielen Torhütern ausgibt: »Schon den Anblick des dritten kann nicht einmal ich mehr ertragen.«

Der Mann vom Lande legt, was ihm der Torhüter sagt, als Schwierigkeit aus, mit der er nicht gerechnet hat, ging er doch zum Gesetz in der Annahme, dass es zu jeder Zeit zugänglich sei. Angesichts der großen Spitznase und des tartarischen Bartes, den der Torhüter trägt, entschließt sich der Mann daraufhin, vor dem Eintritt zu warten, bis er ihm die Erlaubnis geben wird. Das heißt, aus eigentlich merkwürdigen Gründen (Spitznase; tartarischer Bart; die Interpretation des Torhüters, er habe ein Verbot ausgesprochen; die Annahme, er sei mächtig) verharrt der Mann vom Lande vor dem Gesetz, d. h. auf der Schwelle, genau in dieser Position Josef K. vergleichbar, dem es auch nicht möglich ist bzw. der alles daran setzt, im Vorhof des Gerichts zu bleiben. Der Mann vom Lande verharrt in dieser Schwellenposition, indem er auf das Angebot des Torhüters eingeht und sich auf einen ihm vom Torhüter dargereichten Stuhl setzt und dort »Tage und Jahre« wartet. Ein wechselseitiges Spiel gegenseitiger Ermüdung setzt ein. Der Mann vom Lande ermüdet den Torhüter durch seine Fragen, der Torhüter wiederum zermürbt den Mann vom Lande durch sich immer wiederholende, letztlich teilnahmslose kleine Verhöre und die Wiederholung des Hinweises, dass ein Einlass in das Gesetz immer noch nicht möglich sei, jedes Mal wenn der Mann vom Lande erneut versucht, eingelassen zu werden. Dieser tritt wie Josef K. gleichsam auf der Stelle. Die Zeit verzerrt

Schwellenposition

überdies die Wahrnehmung. Der Torhüter scheint korrupt zu sein, denn er nimmt kleine Geschenke von dem Mann an, er ist damit eigentlich nicht die Autorität, die er vorgibt zu sein. Trotzdem vergisst der Mann alle anderen Torhüter, von denen anfangs als sich weiter einstellenden Hindernissen die Rede war. Der erste Torhüter scheint ihm das einzige Hindernis für den Eintritt in das Gesetz. Er interpretiert seine Situation sogar so, dass es nur ein »unglücklicher Zufall« war, der ihn auf seinem Weg in das Gesetz gerade auf *diesen* Torhüter stoßen ließ. Er wird zunehmend kindisch und schwach, erblindet fast, aber genau in diesem Augenblick der Zurücknahme glaubt er den unverlöschlich aus der Türe des Gesetzes brechenden Glanz wahrzunehmen, wobei aber offen bleibt, ob dieser Glanz ein wirklicher ist oder ob sich der erblindende Mann vom Lande nur täuscht, also einer Einbildung aufsitzt. Die Zurücknahme des Mannes betrifft auch seine körperliche Erscheinung, er erstarrt, sinkt immer mehr in sich zusammen, erscheint nur noch ganz gering vor dem ›mächtigen‹ Torhüter. Seine letzte Frage an den Torhüter ist, warum, da doch alle nach dem Gesetz streben, denn keiner in der zurückliegenden Zeit ebenfalls an das Tor gekommen sei. Auf diese Frage des unersättlich Fragenden erhält der sterbende Mann die die Situation ins Paradoxe verkehrende Antwort: »Hier konnte niemand sonst Einlaß erhalten, denn dieser Eingang war nur für Dich bestimmt.«

Paradoxa

»Das Paradoxon, dem Josef K. wie jeder Angeklagte der Prozesswelt sich preisgegeben sieht, ist also die Unerreichbarkeit dessen, was zu seiner Rettung offen steht. In der Türhütergeschichte ist dieses Paradoxon auf seine nicht mehr weiter reduzierbare Formel gebracht« (Allemann, S. 259). Während sich der Mann vom Lande in der

Parabel dem Torhüter unterwirft, stellt im Roman »K.'s Unterwerfung unter die Zwischenpersonen eine Zwangsläufigkeit der Prozesswelt dar, der niemand entgeht. Diese Unterwerfung entspricht unmittelbar der Unerreichbarkeit des eigentlichen Gerichts und damit der Wahrheit, die aus dem großen Gesetz hervorbricht« (Allemann, S. 270 f.). Eine weitere Parallele zwischen Roman und Parabel ist, dass es »keine Befreiung aus diesem paradoxen Zustand des zielgerichteten Innehaltens an der Schwelle gibt«. Und genau wie der Mann vom Lande seinen Blick nicht mehr auf das Ziel richtet, sondern auf den Torhüter und zuletzt auf die Flöhe in dessen Pelzkragen, die er um Hilfe anfleht, beginnt auch Josef K. »im Verlauf der Advokat-Titorelli-Handlung immer intensiver nach ›Hilfen‹ Ausschau zu halten« (Allemann, S. 271) und verfehlt damit sein eigentliches Ziel.

Täuschung

Es lohnt, noch einmal der Frage nach der Täuschung nachzugehen, denn »Täuschung« war das dominierende Stichwort für die Erzählung der Parabel. Kaiser unterscheidet zwischen vier Möglichkeiten.

»1. Der Torhüter hat den Mann getäuscht, denn er macht die erlösende Mitteilung erst dann, als sie dem Manne nichts mehr helfen kann.

2. Der Torhüter hat sich selbst getäuscht, weil er a) auch *vor* dem Gesetz steht und das Innere nicht kennt, also auch nicht Träger verbindlicher Weisungen sein kann; weil er b) dem Mann untergeordnet ist, ohne es zu wissen (sein Dienst ist ja einzig auf den Mann ausgerichtet, der freiwillig kam), und weil er c) sich sogar in seinem Dienst irrt, denn wenn die Tür schon immer offen war, wird sie auch nach dem Tode des Mannes nicht geschlossen werden kön-

nen. Der Türhüter hat also irrtümlich den Eintritt verboten.

3. Wenn der Türhüter sich selbst täuscht, ist er so einfältig, daß er sofort, noch ehe Schaden geschah, hätte aus dem Dienst gejagt werden müssen. Das Gesetz hat also seine Aufgabe vernachlässigt.

4. Es ist vom Gesetz vorgesehen, daß der Türhüter sich selbst und damit den Mann täuscht – ja, der Türhüter hätte dem Mann nicht einmal Hoffnung auf einen späteren Eingang ins Gesetz machen dürfen« (Kaiser, S. 39).

Ganz gleich aber, welche der hier aufgezählten Möglichkeiten der Täuschung zutrifft, über die Existenz einer Tür bzw. der mit der Tür gegebenen Schwelle, kann man sich nicht täuschen. D.h. im Sinne Kaisers: »Durch die eine einzige Tür verliert Josef K.s Welt ihre Schlüssigkeit. Sie ist zwar autonom, aber nicht total. Autonom deshalb, weil Josef K.s Perspektive und damit die des in ihr gefangenen Lesers zwingend begründet ist als die von ihm aus einzig mögliche; denn sein Gefängnis hat zwar eine Öffnung, aber er kann nicht hindurchkommen, nicht einmal im Tode, und deshalb kann er es auch nicht von draußen ansehen. […] Und wenn auch Josef K. (und mit ihm der Leser) nicht durch die Öffnung ins Freie treten kann, so sagt doch allein schon ihr Vorhandensein, daß außerhalb der Josef K.-Welt ein zweiter Standpunkt anzusetzen ist, von dem aus sich eine ganz andere, und zwar nicht weniger reale und wahre Perspektive ergeben müßte als die des Angeklagten« (Kaiser, S. 43). Damit ist die »Tür des Gesetzes die Öffnung der Welt« (Kaiser, S. 44) oder mit anderen Worten: »Das Raffinement dieser Erzählung besteht darin, daß Josef K. und mit ihm der Leser durch das Vorhandensein der Tür von einem

Draußen wissen und dadurch in ihrer verfremdet werden« (Kaiser, S. 44). Wer die theologische Lesart mag, kann es sich in die entsprechende theologische Begrifflichkeit übersetzen, dann würde es etwa so lauten: »Von der negativen Theologie ist bei Kafka nur das Negativ stehengeblieben. Das Gericht transzendiert, aber es transzendiert ins Unbestimmbare. Jede inhaltliche Füllung ist ausgespart« (Kaiser, S. 45).

7. Autor und Zeit

Lebensdaten

1883 3. Juli: Franz Kafka wird als erstes Kind des jüdischen Ehepaars Hermann und Julie Kafka in Prag am Rande des Altstädter Rings geboren. Der Vater ist Galanteriewarenhändler; die Mutter war eine Tochter des Prager Privatiers und früheren Brauereibesitzers Jakob Löwy. Franz Kafka hatte zwei früh verstorbene Brüder und drei Schwestern: Elli (Gabriele) 1889–1941, Valli (Valerie) 1890–1942, Ottla (Ottilie) 1892–1943.

1889 September: Kafka besucht bis 1893 die »Deutsche Knabenschule«.

1893 September: Besuch des humanistischen »Staatsgymnasiums mit deutscher Unterrichtssprache in Prag-Altstadt«.

1901 Juli: Abitur. November: Immatrikulation an der »Deutschen Karl-Ferdinands-Universität zu Prag«, zuerst für Chemie, dann für Jura.

1904 Herbst(?): Beginn der Arbeit an *Beschreibung eines Kampfes*.

1905 Juli/August: Aufenthalt in einem Sanatorium.

1906 April/September: Volontär in der Prager Anwaltskanzlei von Richard Löwy, einem Halbbruder der Mutter. Juni: Promotion zum Doktor der Rechte. November: Abschluss der Staatsprüfung. Oktober 1906 – September 1907: Referendarzeit, zuerst in Prag am Landgericht, dann am dortigen Strafgericht; Beginn der Arbeit an *Hochzeitsvorbereitungen auf dem Lande*.

1907 ab 1. Oktober: ›Aushilfskraft‹ in der Prager Niederlassung des Versicherungskonzerns »Assicurazioni Generali« (Triest).

1908 ab 30. Juli: ›Aushilfsbeamter‹ in der halbstaatlichen »Arbeiter-Unfall-Versicherungs-Anstalt für das Königreich Böhmen in Prag«; erste Publikation: *Betrachtungen* in der Zeitschrift *Hyperion*, hrsg. von Franz Blei und Carl Sternheim.

1911 Eintritt als stiller Teilhaber in die »Prager Asbestwerke Hermann & Co«, die sein Schwager leitet; wachsendes Interesse an der religiösen und literarischen Welt des Ostjudentums; erste Spannungen mit dem Vater.

1912 13. August: Erste Begegnung mit der ›Berlinerin‹ Felice Bauer bei seinem Freund Max Brod. 20. September: Beginn des Briefwechsels mit Felice Bauer. 22./23 September: *Das Urteil* niedergeschrieben. 25. September: Beginn der Arbeit an dem Roman *Der Verschollene*. Oktober: Suizidgefährdung. Vom 17. November bis 7. Dezember entsteht die Erzählung *Die Verwandlung*.

1913 Intensiver Briefwechsel mit Felice Bauer. Dreifacher Besuch in Berlin. Ernennung zum ›Vizesekretär‹ der Versicherungsanstalt.

1914 1. Juni: Verlobung mit Felice in Berlin. 12. Juli: Auflösung der Verlobung. Ab August: Arbeit an dem Roman *Der Proceß*.

1915 Oktober: Veröffentlichung der *Verwandlung* in der Monatsschrift *Die Weißen Blätter* im Kurt Wolff Verlag, Leipzig. November: *Die Verwandlung* erscheint als das dritte Buch Kafkas in der Reihe *Der Jüngste Tag* des Kurt Wolff Verlags.

Franz Kafka
Das letzte Bild (1923/24)

1917 Juli: Felice Bauer kommt nach Prag; Kafka verlobt sich erneut mit ihr. 9./10. August: Ausbruch der Tuberkulose. 25. Dezember: Felice kommt nach Prag. Auflösung des zweiten Verlöbnisses.

1919 Sommer: Verlobung mit Julie Wohryzek. November: Die beabsichtigte Verheiratung scheitert. *Brief an den Vater.*

1920 Ernennung zum ›Anstaltssekretär‹ der Versicherungsanstalt. April: Beginn des Briefwechsels mit Milena Jesenská-Polak. Juli: Auflösung des Verlöbnisses mit Julie Wohryzek.

1922 Anfang Januar: Seelisch-körperlicher Zusammenbruch; Fahrt nach Spindlermühle, einem Erholungsort im westlichen Riesengebirge; Beginn der Arbeit am Roman *Das Schloß.*

1923 26. September: Übersiedlung von Prag nach Berlin-Steglitz. Gemeinsamer Hausstand mit Dora Diamant.

1924 Januar: Akute Erkrankung mit hohem Fieber. 14. März: Brod kommt nach Berlin und bringt Kafka nach Prag zurück. Anfang April: Dora bringt Kafka in ein Sanatorium nach Ortmann (Niederösterreich): Kehlkopftuberkulose. Kurzer Aufenthalt in der Wiener Universitätsklinik. 19. April: Sanatorium Dr. Hoffmann in Kierling. 3. Juni: Kafka stirbt. Überführung nach Prag. 11. Juni: Beerdigung auf dem jüdischen Friedhof in Prag-Straschnitz.

8. Checkliste

1. Was verbinden Sie mit der Vokabel ›kafkaesk‹?
2. Inwiefern könnte dieses Adjektiv von Kafkas Roman *Der Proceß* abgeleitet sein?
3. Wo sehen Sie Züge der modernen Welt in Kafkas *Proceß*-Roman?
4. In welchem Zustand ist uns Kafkas Manuskript zum *Proceß* überliefert?
5. Was bedeutet der Überlieferungszustand des *Proceß*-Manuskripts für eine Interpretation des Romans?
6. Was ist Ihrer Meinung nach davon zu halten, dass Max Brod vor der Veröffentlichung des *Processes* Eingriffe in Stil, Zeichensetzung und Orthographie vornahm?
7. Was spricht dafür, dass Kafka nacheinander das erste und das letzte Kapitel des Romans niedergeschrieben hat?
8. Welche Parallelen sehen Sie zwischen dem Anfangs- (»Verhaftung«) und dem Endkapitel (»Ende«) des *Processes*?
9. Wie weit lassen sich die einzelnen Kapitel in eine zeitliche Reihenfolge einordnen, welche Schwierigkeiten tauchen bei einer solchen zeitlichen Verortung auf, und worin liegen sie begründet?
10. Welche Zeitspanne umfasst der Roman?
11. Warum wählt Kafka ausdrücklich den Geburtstag K.'s als Fixpunkt?
12. Wo arbeitet der Erzähler mit Zeitraffung und Zeitdehnung?
13. In welchen Räumen ›spielt‹ die Handlung? (Listen Sie

die Räumlichkeiten auf und unterscheiden Sie dabei nach öffentlichen und privaten Räumen.)

14. Gibt es Gemeinsamkeiten der dargestellten Räume?
15. Welche Bedeutung kommt den Übergängen von einem Raum in den anderen zu? Wie werden durch die Räumlichkeiten die Behörden charakterisiert?
16. Welche Erzählperspektive dominiert das Erzählen?
17. Welche Bedeutung kommt der dominierenden Perspektive für die Aussagen des Romans zu?
18. Untersuchen Sie den ersten Satz des Romans auf Verunsicherungen hinsichtlich des Gesagten.
19. Suchen Sie weitere Beispiele, wo Kafka durch sprachliche Formen der Verunsicherung die Eindeutigkeit der Aussagen aufhebt.
20. Welche Wirkungen erzielen die gewählte dominierende Erzählperspektive und die genannten Erzählverfahren des Romans?
21. Welche Auswirkungen hat der Erzählstil für die Frage nach der Schuld K.'s?
22. Welche Auswirkungen hat der Erzählstil für die Interpretation des Romans überhaupt?
23. Versuchen Sie mit wenigen, aber treffenden Adjektiven K. zu charakterisieren.
24. Entwickelt sich K. im Laufe des einen Jahres?
25. Welche Haltung(en) nimmt K. gegenüber dem Gericht ein?
26. Wie weit ist K. durch seinen Beruf auch im Umgang mit dem Gericht vorgeprägt?
27. Welche Haltung nimmt K. gegenüber den Frauen in seiner Umgebung ein?
28. Welche Bedeutung kommt den Frauen im Umkreis des Gerichts zu?

29. Welche Bedeutung haben die anderen ›Mittlerfiguren‹ (Huld, Titorelli, Geistlicher im Dom) für K.?
30. Wie verhält sich K. bei/zu seiner Tötung am ›Ende‹ des Romans?
31. Worin könnte K.'s Schuld bestehen?
32. Wie verhalten sich die Parabel »Vor dem Gesetz« und der Roman zueinander?
33. Gibt die Ausdeutung der Parabel durch den Geistlichen Hinweise zu einer Deutung des ganzen Romans?

9. Lektüretipps/Filmempfehlungen

Textausgaben

Der Prozeß. Roman. Nachw. von Max Brod. Berlin: S. Fischer, 1925. – *Ohne die Fragmente und längeren gestrichenen Stellen.*

Der Prozeß. Roman. Berlin: S. Fischer, 1935. (Gesammelte Schriften. Hrsg. von Max Brod. Bd. 3.) – *Enthält im Anhang die unvollendeten Kapitel und vom Autor gestrichenen Stellen sowie ein zusätzliches Nachwort von Brod.*

Der Prozeß. Roman. New York: Schocken, 1946. (Gesammelte Schriften. Hrsg. von Max Brod.) – *Mit einem zusätzlichen Nachwort von Brod.*

Schriften. Tagebücher. Briefe. Kritische Ausgabe. Hrsg. von Jürgen Born, Gerhard Neumann, Malcolm Pasley und Jost Schillemeit. Frankfurt a. M.: S. Fischer, 1982 ff.

Der Proceß. Hrsg. von Malcolm Pasley. Textband/Apparatband. Frankfurt a. M.: S. Fischer, 1990.

Der Proceß. Roman. In der Fassung der Handschrift. Nach der Kritischen Ausgabe hrsg. von Hans-Gerd Koch. Frankfurt a. M.: S. Fischer 1994.

Der Proceß. Roman. Stuttgart: Reclam, 1995. – *Textidentisch mit der Kritischen Ausgabe, nach dieser Ausgabe wird zitiert.*

Zu Kafka

Beicken, Peter U.: Franz Kafka. Eine kritische Einführung in die Forschung. Frankfurt a. M. 1974.

Bezzel, Christ: Kafka-Chronik. Daten zu Leben und Werk. München 1975.

Binder, Hartmut: Kafka. Der Schaffensprozeß. Frankfurt a. M. 1983.

Brod, Max: Über Franz Kafka. Frankfurt a. M. / Hamburg 1966.

Dichter über ihre Dichtungen. Franz Kafka. Hrsg. von Erich Heller und Joachim Beug. München 1969.

Emrich, Wilhelm: Franz Kafka. Bonn 1958. (Bes. S. 259–297.)

Grözinger, Karl Erich: Kafka und die Kabbala. Das Jüdische in Werk und Denken Franz Kafkas. Frankfurt a. M. 1992.

Interpretationen: Franz Kafka: Romane und Erzählungen. Hrsg. von Michael Müller. Stuttgart 1994.

Kafka-Brevier. Hrsg. von Joseph Vogl. Stuttgart 1995.

Kafka-Handbuch in zwei Bänden. Unter Mitarb. zahlreicher Fachwissenschaftler hrsg. von Hartmut Binder. Stuttgart 1979.

Neumann, Gerhard: Franz Kafka. In: Walter Killy (Hrsg.): Literaturlexikon. Bd. 6. Gütersloh/München 1990. S. 179–186.

Politzer, Heinz: Franz Kafka. Parable and Paradox. Ithaka (NY) 1962. (Bes. S. 241–315.)

Rösch, Ewald: Nachwort zu: Franz Kafka *Die Verwandlung*: Mit einem Nachw., einer Zeittafel zu Kafka, einem Stellenkommentar und bibliographischen Hinweisen. München 1999. S. 70–138.

Schlingmann, Carsten: Franz Kafka. Stuttgart 1995. (Literaturwissen für Schüler.)

Wagenbach, Klaus: Franz Kafka. Mit Selbstzeugnissen und Bilddokumenten. Reinbek bei Hamburg [30]1995.

Zu Kafkas Roman *Der Proceß*

Abraham, Ulf: Der verhörte Held. Verhöre, Urteile und die Rede von Recht und Schuld im Werk Franz Kafkas. München 1985.

Allemann, Beda: Kafka: *Der Prozeß*. In: Der deutsche Roman. Hrsg. von Benno von Wiese. Bd. 2. Düsseldorf 1963. S. 234–290.

Beicken, Peter: Franz Kafka: *Der Prozeß*. München 1995.

Beißner, Friedrich: Der Erzähler Franz Kafka und andere Vorträge. Mit einer Einf. von Werner Keller. Frankfurt a. M. 1983.

Binder, Hartmut: Kafka. Kommentar zu den Romanen, Rezensionen, Aphorismen und zum Brief an den Vater. München 1976.

– Parabel als Problem. Eine Formbetrachtung zu Kafkas *Vor dem Gesetz*. In: Wirkendes Wort 38 (1988) S. 39–61.

Deleuze, Gilles / Felix Guattari: Kafka. Für eine kleine Literatur. Übers. von Burkhart Kroeber. Frankfurt a. M. 1976.

Elm, Theodor: Kafka *Der Prozeß*. In: Hartmut Binder (Hrsg.): Kafka-Handbuch (s. Kafka). Bd. 2: Das Werk und seine Wirkung. Stuttgart 1979. S. 420–441.

Emrich, Wilhelm: Franz Kafka. Das Baugesetz seiner Dichtung. Der mündige Mensch jenseits von Nihilismus und Tradition. Bonn / Frankfurt a. M. 1958.

Fingerhut, Karlheinz: Franz Kafka: *Der Prozeß*. In: Jakob Lehmann (Hrsg.): Deutsche Romane von Grimmelshausen bis Walser. Interpretationen für den Literaturunterricht. Bd. 1. Frankfurt a. M. [2]1983. S. 153.

– Annäherung an Kafkas Roman *Der Prozeß* über die Handschrift und über Schreibexperimente. In: Nach erneuter Lektüre: Franz Kafkas *Der Proceß*. Hrsg. von Hans Dieter Zimmermann. Würzburg 1992. S. 35–65.

Heintz, Günter (Hrsg.): Zu Franz Kafka. Stuttgart 1979.

Henel, Ingeborg: Die Deutbarkeit von Kafkas Werk. In: Zeitschrift für deutsche Philologie 86 (1967) S. 250–266.

Hiebel, Hans Helmut: Die Zeichen des Gesetzes. Recht und Macht bei Kafka. München 1983.

Ide, Heinz: Franz Kafka: *Der Prozeß*. Interpretation des ersten Kapitels. In: Jahrbuch der Wittheit zu Bremen 6 (1962) S. 66–104.

Jeziorkowski, Klaus: »Bei dieser Sinnlosigkeit des Ganzen«. Zu Franz Kafkas Roman *Der Prozeß*. In: Franz Kafka. Hrsg. von Heinz Ludwig Arnold. München 1994. S. 200–217.

Kaiser, Gerhard: Franz Kafkas *Der Prozeß*. Versuch einer Interpretation. In: Euphorion 52 (1958) H. 1. S. 23–49.

Kraft, Herbert: Kafka. Wirklichkeit und Perspektive. Bebenhausen 1972.

Kremer, Detlef: Kafka, die Erotik des Schreibens: Schreiben als Lebensentzug, Frankfurt a. M. 1989.

Müller, Michael: Franz Kafka: *Der Prozeß*. In: Interpretationen: Romane und Erzählungen des 20. Jahrhunderts. Bd. 1. Stuttgart 1993. S. 101–127.

– Nachwort zu: Franz Kafka: *Der Proceß*. Stuttgart 1995. S. 245–249.

– Erläuterungen und Dokumente: Franz Kafka: *Der Proceß*. Stuttgart 1996. (Zitiert als: EuD.)

Pasley, Malcolm: Franz Kafka: *Der Prozeß*. Die Handschrift redet. Mit einem Beitrag von Ulrich Ott. Marbach a. N. 1990.

Pasley, Malcolm: Wie der Roman entstand. In: Nach erneuter Lektüre: Franz Kafkas *Der Proceß*. Hrsg. von Hans Dieter Zimmermann. Würzburg 1992. S. 11–33.
Politzer, Heinz: Der Prozeß gegen das Gericht. Zum Verständnis von Franz Kafkas Roman *Der Prozeß*. In: Wort und Wahrheit 14 (1959) S. 279–292.
Robertson, Ritchie: Kafka. Judentum, Gesellschaft, Literatur. Übers. von J. Billen. Stuttgart 1988. S. 120–176.
– »Von den ungerechten Richtern« – Zum allegorischen Verfahren Kafkas im *Proceß*. In: Nach erneuter Lektüre. Franz Kafkas *Der Proceß*. Hrsg. von Hans Dieter Zimmermann. Würzburg 1992. S. 201–209.
– Franz Kafka: Der Prozeß. In: Interpretationen. Franz Kafka. Romane und Erzählungen. Hrsg. von Michael Müller. Stuttgart 1994. S. 98–145.
Sandberg, Beatrice: Der Roman zwischen 1910 und 1930. In: Handbuch des deutschen Romans. Hrsg. von Helmut Koopmann. Düsseldorf 1983. S. 489–509.
Sokel, Walter H.: Franz Kafka – Tragik und Ironie. Zur Struktur seiner Kunst. München/Wien 1964. (Bes. S. 140–266.)
Stach, Rainer: Kafkas erotischer Mythos. Eine ästhetische Konstruktion des Weiblichen. Frankfurt a. M. 1987.
Staroste, Wolfgang: Der Raum des Menschen in Kafkas *Prozeß*. In: W. S.: Raum und Realität in dichterischer Gestaltung. Studien zu Goethe und Kafka. Heidelberg 1971. S. 123–155.
Walser, Martin: Beschreibung einer Form. Versuch über Franz Kafka. München 1961.
Wagner, Benno: Franz Kafka. In: Interpretationen: Literaturverfilmungen. Hrsg. von Anne Bohnenkamp. Stuttgart 2005. S.145–157.

Zimmermann, Hans Dieter: Der babylonische Dolmetscher. Zu Franz Kafka und Robert Walser. Frankfurt a. M. 1985.

Verfilmungen

The Trial. Regie: Orson Welles. USA 1963.
Kafka. Regie: Steven Soderbergh. USA 1991.